CÓMO SUPERAR EL APEGO ANSIOSO

8 PASOS PARA CONTROLAR LA ANSIEDAD EN LAS RELACIONES, DEJAR DE PREOCUPARTE, ELIMINAR EL SOBREPENSAMIENTO Y CREAR VÍNCULOS SANOS

CHASE HILL

Copyright © 2024 by Chase Hill

All rights reserved.

The content contained within this book may not be reproduced, duplicated or transmitted without direct written permission from the author or the publisher.

Under no circumstances will any blame or legal responsibility be held against the publisher, or author, for any damages, reparation, or monetary loss due to the information contained within this book. Either directly or indirectly.

Legal Notice:

This book is copyright protected. This book is only for personal use. You cannot amend, distribute, sell, use, quote or paraphrase any part, or the content within this book, without the consent of the author or publisher.

Disclaimer Notice:

Please note the information contained within this document is for educational and entertainment purposes only. All effort has been executed to present accurate, up to date, and reliable, complete information. No warranties of any kind are declared or implied. Readers acknowledge that the author is not engaging in the rendering of legal, financial, medical or professional advice. The content within this book has been derived from various sources. Please consult a licensed professional before attempting any techniques outlined in this book.

By reading this document, the reader agrees that under no circumstances is the author responsible for any losses, direct or indirect, which are incurred as a result of the use of information contained within this document, including, but not limited to, — errors, omissions, or inaccuracies.

ÍNDICE

Introducción   5

Paso 1: Una mirada a los estilos de apego   11
Paso 2: Comprender el porqué detrás de la preocupación   24
Paso 3: De la ansiedad al activo   40
Paso 4: Una mirada hacia adentro   53
Paso 5: Calmar la mente   76
Paso 6: Relaciones sólidas   97
Paso 7: La confianza, tu nueva amiga   122
Paso 8: Tiempo para mí y tiempo para nosotros   139
Conclusión   159

Bibliografía   165

INTRODUCCIÓN

Shay se sienta a tomar un café rápido y toma su teléfono para enviarle un mensaje a su novio. Mientras mira fijamente la pantalla, ve que los dos tics se vuelven azules y espera a que aparezca el mensaje de *"escribiendo"*. Cuando percibe que esto no está ocurriendo, empieza a preocuparse y, al cabo de un minuto, está al borde del pánico. Envía otro mensaje, luego otro, y después de 12 mensajes en pocos minutos, su mente se acelera. Teme lo peor. No que su novio haya tenido un accidente, sino que ya no la quiera.

La presión en su pecho le dificulta la respiración, así que llama a su novio. Por fin él contesta, y Shay nota por su tono que está frustrado. Ahora teme que estén a punto de tener otra de sus discusiones. "Se acabó", piensa. "Éste va a ser el momento en que me deje". A pesar de la explicación lógica de su novio sobre por qué no ha podido responder a sus mensajes, nada puede calmar su ansiedad.

El novio de Shay nunca le ha dado motivos para dudar. Sus acusaciones de infidelidad cuando él se marcha un fin de semana con unos amigos son injustas. Las veladas transcurren entre lágrimas mientras él intenta tranquilizarla asegurándole que la quiere, pero eso poco la consuela. El único cambio que ella ha notado es el aumento de las discusiones a medida que su novio se siente cada vez más abrumado por su constante necesidad de atención.

No es la primera vez que Shay se da cuenta de esto. Lo ha visto en sus relaciones anteriores, incluso a partir de sus últimos años de adolescencia. Ahora, a sus 30 años, sabe lo que está a punto de ocurrir.

Pero esta vez hay algo diferente. Quizás sea su edad. Shay sabe que no es vieja, pero también sabe que si hay alguna posibilidad de que cumpla su sueño de formar una familia, algo tiene que cambiar. La respuesta no es una nueva relación en la que su miedo al abandono vuelva a asomar su fea cabeza. Shay decide que es hora de buscar ayuda.

Desde fuera, el apego ansioso puede parecer sólo un miedo profundo a no ser amado y necesitado, pero cuando rascas la superficie, es más complejo. Esta pauta de comportamiento proviene de necesidades básicas no satisfechas, incluso desde la infancia. La ansiedad surge del miedo a que los demás te vean tal como eres en realidad, con todos tus defectos, y te consideren indigno de amor.

En un intento por evitar que esto ocurra, puede que te hayas dado cuenta de que has caído en la trampa de complacer a la gente, desviviéndote por satisfacer las necesidades de los demás hasta el agotamiento. En el otro extremo de la escala, puede que te encuentres autosaboteando tus relaciones, provocando que terminen prematuramente. Al fin y al cabo, si se van a acabar, mejor pronto que tarde. Estos actos indican una autoestima extremadamente baja, independientemente del extremo del espectro en el que te encuentres.

Después, ¡el ciclo comienza de nuevo! La baja autoestima desencadena patrones de pensamiento negativos sobre ti mismo. Puedes sentirte inútil en las relaciones, creer que no mereces ser feliz y pensar que simplemente no eres digno de ser amado. Esto puede desencadenar una montaña rusa emocional, provocando sentimientos de inseguridad, haciéndote dudar de ti mismo y de tus capacidades y, hasta cierto punto, la frustración de meterte en otra situación en la que dependes de alguien más en lugar de ser un adulto independiente.

Y después de todo eso, ni siquiera has abordado el mayor problema. Para que una relación así funcione, algo tiene que cambiar de forma natural. Volvamos al caso de Shay. Su novio no podía hacer nada más para tranquilizarla, y no podía hacer nada diferente. No sería justo que Shay empezara a exigirle cambios a su novio. El cambio tiene que venir desde adentro. Cambiar nunca es fácil, y al igual que Shay, tú eres la única persona responsable de hacer ese cambio.

¡Eso no significa que no haya orientación y apoyo para ti! Las estrategias y técnicas en este libro están basadas tanto en investigaciones como en experiencias del mundo real para ayudarte a desarrollar resiliencia mental, fortaleza emocional y asertividad. Con estos métodos, encontrarás una estructura práctica y manejable para superar los problemas contra los que llevas años luchando.

Desarrollado especialmente para el apego ansioso, el sistema "Sentirse bien" te revelará cómo puedes vencer la ansiedad en las relaciones, descubrir y desarrollar tu autoconciencia, y calmar los pensamientos ansiosos.

Cada capítulo de este libro es un pequeño paso hacia la construcción de relaciones seguras y satisfactorias. Empezaremos explorando los estilos de apego para ayudarte a identificar patrones en tus interacciones. Comprenderás qué se necesita para experimentar conexiones más profundas mientras fortaleces tu confianza y autoestima. Al final, se trata de encontrar el equilibrio perfecto entre independencia y unión, mientras esperas resultados positivos a lo largo de este proceso transformador.

¿El resultado? Por fin podrás disfrutar de relaciones seguras y sin estrés, centradas en la autoaceptación incondicional y el amor propio. Podrás ser auténtico y sentirte seguro de que tu pareja te quiere de verdad por lo que realmente eres.

Puedo imaginarte poniendo los ojos en blanco y pensando "Nada de esto va a funcionar". Entiendo que has hecho grandes esfuerzos para lograr cambios en tu relación, pero no has visto los resultados que esperabas. Esto no significa que hayas fallado. Pronto te darás cuenta de que liberarte del apego ansioso no es tan sencillo como abrirte más o dejar de sobrepensar. En su lugar, este proceso requiere que tu mente y tu corazón trabajen juntos, en lugar de uno contra el otro, como quizás ha sido hasta ahora.

Como ocurre con cualquier problema, independientemente de que provenga del corazón o de la cabeza, antes de tomar medidas para superarlo y transformarlo, es necesario llegar al fondo de la teoría del apego y aprender a reconocer los estilos de apego.

PASO 1: UNA MIRADA A LOS ESTILOS DE APEGO

Soy parte de todo lo que he conocido.

— *ALFRED TENNYSON*

Lo más interesante en estas palabras de Tennyson es el profundo impacto que tienen en nuestras vidas las personas que conocemos.

No tienen por qué ser nuestra familia o nuestros amigos más íntimos los que contribuyan a forjar quienes somos como personas hoy en día. Incluso aquellos que hemos conocido por un breve tiempo podrían moldear lo que somos.

Pero, ¿qué es lo que hace que nos apeguemos tanto a algunas personas y no tanto a otras? Empecemos por comprender qué es realmente el apego.

Definiendo el apego

En 1935, Konrad Lorenz experimentó con huevos de ganso. Tomó un conjunto de huevos de ganso y los dividió en dos grupos. Un grupo se mantuvo con la madre natural, mientras que el otro se incubó en una incubadora.

El primer ser vivo que vieron los gansos al salir de la incubadora fue a Lorenz, y empezaron a seguirlo a todas partes. Más tarde, cuando ambos grupos de gansos fueron mezclados, tanto la madre como Lorenz estaban presentes. Los gansos que habían visto primero a Lorenz se separaron del resto, y empezaron a seguirlo a él (Study Mind, 2023).

Este estudio no sólo proporciona una visión del comportamiento animal, sino que también pone de relieve la importancia de los vínculos y el apego, que son esenciales para los seres humanos y comienzan desde el momento del nacimiento.

Un apego es un vínculo emocional que conecta a las personas independientemente del tiempo y el espacio. Las relaciones de apego pueden ser fuente de importantes alegrías, como enamorarse y tener hijos. Al mismo tiempo, las interrupciones o rupturas de nuestros vínculos, como la pérdida de un ser querido, pueden causar una inmensa angustia.

Gran parte de nuestra capacidad para establecer vínculos saludables proviene del primer vínculo de apego que experimentamos y de los primeros años de nuestra vida, más adelante hablaremos más acerca de este tema.

Llegados a este punto, es importante reconocer que estos apegos tempranos desempeñan un papel crucial en las relaciones futuras y son también un instinto de supervivencia. Los apegos tempranos estrechos, tanto sea en humanos como en animales, mantienen al niño cerca de su cuidador, ¡aumentando sus posibilidades de supervivencia!

Teoría del apego

La teoría del apego es la explicación psicológica de los vínculos entre las personas, no sólo entre un niño y su cuidador, sino también dentro de las relaciones románticas y otros tipos de relaciones a largo plazo.

Las teorías conductuales anteriores sugerían que nuestras relaciones de apego eran conductas aprendidas, es decir, que el cuidador proporcionaba alimento (nutrición) al niño y así se formaba el apego. Sin embargo el psicoanalista John Bowlby, creía que los problemas de salud y comportamiento que enfrentaban los adultos podrían tener su origen en la primera infancia.

De hecho, fueron las investigaciones de Lorenz sobre la impronta las que influyeron en Bowlby. Éste no estaba de acuerdo con la teoría de que el apego era aprendido. Esto se debía a que a un niño que sufría ansiedad por separación no se le calmaba simplemente alimentándolo. Durante su tiempo como psiquiatra en Londres, Bowlby trató a niños con problemas emocionales y centró su atención en sus relaciones con sus madres, lo que luego lo llevó al desarrollo de la teoría del apego.

La teoría de Bowlby proponía que los bebés exhibían mecanismos incorporados, como llorar y sonreír, como forma de permanecer cerca de su cuidador. Esto servía tanto para la supervivencia como para buscar seguridad y apoyo. La forma en que el cuidador respondía a estos mecanismos de los bebés influía en sus sentimientos de seguridad. Si un progenitor responde con calidez y afecto, el niño crecerá con una mejor visión de sí mismo y de los demás y tendrá relaciones más saludables.

Por otra parte, aquellos niños que fueron separados de su cuidador, especialmente de la madre, desarrollaron problemas duraderos. Cuando no se satisfacen las necesidades de los niños, les cuesta desarrollar una sensación de seguridad, lo que puede afectar su capacidad para explorar el mundo que les rodea.

A lo largo de sus investigaciones y observaciones, Bowlby descubrió cuatro características clave del apego:

1. Mantenimiento de la proximidad: El deseo de estar cerca de las personas a las que estamos apegados o unidos.

2. Refugio seguro: Cuando nos enfrentamos al miedo o a amenazas, volvemos a las personas a las que estamos apegados en busca de seguridad y consuelo.

3. Base segura: Salimos a explorar, pero volvemos a nuestras figuras de apego.

4. Angustia de separación: Cuando la persona a la que nos apegamos no está cerca, nos sentimos ansiosos.

Bowlby también planteó la hipótesis de que eran los dos primeros años de la vida del bebé cuando el apego era más crítico. Durante este tiempo, se puede observar un sistema de comportamiento a medida que se desarrolla el apego.

La primera etapa se denomina pre apego y se divide en dos fases. En las primeras 8 semanas, los bebés balbucean, lloran y sonríen para atraer la atención de un cuidador. Son capaces de reconocer a cada cuidador, sin embargo, sus comportamientos no se dirigen a uno en particular.

De los 2 a los 6 meses, sus comportamientos se dirigen ahora a un solo cuidador. Pueden empezar a seguir más a uno que a otro y a apegarse a su cuidador preferido. Al final del primer año, los bebés pueden mostrar distintos tipos de comportamiento para permanecer cerca de su cuidador. Esto se observa cuando los bebés lloran y se alteran cuando el cuidador se va, buscan la cercanía cuando están asustados y se ponen muy contentos cuando ese cuidador vuelve.

Por último, cuando un bebé empieza a ganar movilidad, cuanto más seguro se siente para empezar a alejarse y explorar, más presente está su cuidador. El cuidador proporciona una sensación de seguridad, tranquilizando al bebé. Si esta fuente de seguridad no está cerca, se observan comportamientos de apego más fuertes. Un niño que tiende a ser más miedoso o es más susceptible a la enfermedad y la ansiedad también puede mostrar conductas de apego más fuertes.

Si eres padre o madre, por favor, no empieces a sentir pánico por tu hijo. Sabemos que hoy en día, en un mundo ideal, uno de los progenitores podría permanecer con el niño en estos primeros años cruciales, pero simplemente no es práctico. Los bebés pasan por una fase en la que prefieren a un solo cuidador, pero después de unos 10 meses son capaces de desarrollar vínculos con otros adultos.

Por tanto, no tienes por qué sentirte culpable si dejas a tu hijo con alguien que no es uno de los cuidadores principales.

Los cuatro estilos de apego

En los años 70, la psicóloga Mary Ainsworth tomó la teoría del apego de Bowlby y la amplió con el desarrollo de los estilos de apego. Su estudio, conocido como la "situación extraña", sigue considerándose pionero y revolucionario, y en él se siguen basando los cuatro estilos de apego en adultos, aunque Ainsworth acuñó sólo tres a partir de su investigación.

En su estudio, niños de entre 9 y 18 meses participaron en una sesión de juego de 20 minutos. Durante este tiempo, los niños experimentaron diferentes situaciones en distintos momentos: primero, con su madre en una habitación, luego, con su madre y un extraño o desconocido, después, sólo con el extraño y, finalmente, solos. Hubo ocho sesiones en total, por lo que Ainsworth y su colega Bell pudieron observar cómo se comportaban los bebés cuando la madre o el extraño entraban, salían y volvían a entrar en la habitación. Estas interacciones se dividieron a su vez en periodos de dos o tres minutos cada uno. Si el niño se sentía cómodo, se prolongaba el tiempo, pero ante cualquier signo de angustia, se acortaban las sesiones.

Las etapas fueron las siguientes:

- **Fase 1:** la madre, el bebé y el observador entran en la sala

- **Fase 2:** la madre y el bebé permanecen en la habitación

- **Fase 3:** el desconocido entra en la habitación

- **Fase 4:** la madre sale de la habitación

- **Fase 5:** la madre vuelve a entrar, el desconocido sale

- **Fase 6:** la madre se va, el bebé queda solo

- **Fase 7:** vuelve el desconocido

- **Fase 8:** la madre vuelve, el desconocido se va

A partir de las observaciones de Ainsworth y sus colegas, se reconocieron tres estilos de apego: seguro, resistente y evitativo.

Los bebés con apego seguro, se angustiaban cuando su mamá se iba, pero se alegraban cuando volvía. Utilizaban a su madre como base segura para explorar la habitación y evitaban al desconocido cuando ella no estaba cerca. Cuando su madre estaba presente, el bebé se mostraba amistoso con el extraño.

Los bebés con apego resistente, mostraban gran angustia cuando su madre se iba, pero cuando volvía, se resistían al contacto y algunos incluso la empujaban. Estos bebés lloraban más, exploraban menos y tenían miedo del extraño.

Los bebés con apego evitativo, no mostraban angustia cuando su mamá se iba y poco interés cuando volvía. Jugaban normalmente cuando el extraño estaba presente, y tanto su mamá como el extraño podían consolar a estos bebés igual de bien (Mcleod, 2024).

En los años 80, los investigadores Main y Solomon propusieron un cuarto estilo de apego, el apego desorganizado-inseguro. Éste se produce cuando los cuidadores son incoherentes o imprevisibles en la crianza y los niños se confunden fácilmente. A los niños con apego desorganizado-inseguro les cuesta sentirse seguros con los demás a pesar de desear intimidad.

Ahora, veamos cómo estos estilos de apego se manifiestan en la adultez.

Apego seguro

Las personas con un apego seguro han crecido con cuidadores que les brindaron seguridad emocional. Estas personas encuentran consuelo y comprensión en las relaciones, lo que les permite tener vínculos positivos y de confianza en la adultez. Otros signos del apego seguro incluyen:

- Alta autoestima

- Capacidad de autorreflexión

- Regulación emocional y disponibilidad emocional

- Buenas habilidades de comunicación

- Capacidad de gestionar conflictos

- Se sienten cómodos estando en una relación y estando solos

- Facilidad para conectar con los demás

Apego evitativo

Los padres de las personas que demuestran tener un apego evitativo, pueden haber sido increíblemente estrictos o, más probablemente, es posible que no estuvieran disponibles emocional y/o físicamente para ellos. Esto puede causar que los adultos tengan dificultades con cualquier forma de intimidad. Los adultos suelen ser excesivamente independientes debido a las necesidades no satisfechas durante la infancia.

Otros signos de apego evitativo incluyen:

- Incomodidad al expresar sentimientos

- Actitud distante hacia los demás

- Dificultad para confiar en los demás

- Preferencia por pasar tiempo solos

- Creencia fuerte de que no necesitan a nadie en sus vidas

- Sentirse amenazados cuando alguien intenta acercarse emocionalmente

Apego desorganizado

Este tipo de apego suele surgir de padres abusivos, que alternan entre mostrar amor y ser abusivos nuevamente.

Este ciclo deja a los niños confundidos y temerosos, y esa confusión se refleja en las relaciones adultas, lo que puede dificultar predecir su comportamiento. El apego desorganizado puede causar:

• Miedo al rechazo

• Desregulación emocional (dificultad para regular las emociones)

• Estrés crónico y ansiedad

• Signos de apego evitativo y ansioso

• Mayor riesgo de trastornos del estado de ánimo y de la personalidad

• Mayor riesgo de autolesión y abuso de sustancias

Apego ansioso

Es similar al apego desorganizado, pero en menor grado, ya que el maltrato puede no haber estado presente. En su lugar, los padres pudieron haber alternado entre sobreproteger a los hijos y ser indiferentes, con momentos de atención seguidos de rechazo. Algunos signos frecuentes de este estilo de apego son:

- Aferramiento y dificultades para estar solos

- Baja autoestima y autovaloración

- Miedo intenso al rechazo y al abandono

- Celos

- Búsqueda constante de aprobación de los demás

- Sensibilidad a las críticas

- Dificultades para confiar

Es importante tener en cuenta que los estilos de apego no son absolutos. Probablemente no te identificarás sólo con los rasgos del apego ansioso, por ejemplo. Estos estilos también pueden cambiar con el tiempo y no están grabados en piedra. Naturalmente, vamos a examinar más detenidamente el apego ansioso en el próximo capítulo, pero por ahora, en lugar de centrarnos demasiado en este estilo concreto, sería una buena idea que te tomes un tiempo para reflexionar sobre tu infancia en general.

También es el momento ideal para empezar a utilizar un nuevo diario. Se ha demostrado que llevar un diario reduce el estrés y la ansiedad, estimula la regulación emocional y mejora la comunicación. Como habrá más momentos para la autorreflexión a lo largo de este libro, tendrá sentido tener todos tus pensamientos y sentimientos en un solo lugar. Si no eres una persona de usar papel y bolígrafo, también puedes empezar un nuevo documento en tu computadora o teléfono.

Para tu tranquilidad, te recomendaría que lo protegieras con una contraseña, no para impedir que otros lo lean, sino para darte la seguridad de expresarte abierta y honestamente sin preocuparte de que nadie te juzgue.

Este es **el primer paso del marco o sistema "Sentirse bien"**. No te preocupes si algunas de las respuestas a estas preguntas no te hacen sentir del todo bien. ¡Considéralo como la picazón de un antiséptico antes de que una herida comience a sanar!

• ¿Quiénes fueron las personas importantes en tu vida mientras crecías?

• ¿Cómo fue para ti crecer?

• ¿Qué recuerdos positivos tienes?

• ¿Qué recuerdos negativos tienes?

• ¿Cómo era la relación con tus padres cuando eras pequeño?

• ¿Fuiste testigo o experimentaste muchos conflictos?

• ¿Te castigaban a menudo de niño? Y, en caso afirmativo, ¿cómo?

• ¿Te sentías seguro en tu casa y reconfortado por tus padres?

• Si no creciste con tus padres, ¿quién te crio?

• ¿Te has sentido alguna vez amenazado por las personas que te criaron?

• ¿Alguna vez te sentiste rechazado por quienes te criaron?

• ¿Has perdido a alguien importante en tu vida, ya sea por separación o muerte?

- ¿Cómo te afectó esta pérdida y cómo repercutió en tu vida?

- ¿Cómo criarías a tus hijos de forma diferente a como te criaron a ti?

Estas preguntas probablemente apunten hacia un apego ansioso, ¡pero hay más cosas que entender sobre este estilo para empezar a desentrañar su impacto en tu vida y comenzar a ver los cambios positivos que necesitas!

PASO 2: COMPRENDER EL PORQUÉ DETRÁS DE LA PREOCUPACIÓN

El pasado influye en todo y no dicta nada.

— *ADAM PHILLIPS*

Aunque en el primer capítulo se trató la teoría del apego y los distintos estilos, tenemos que profundizar mucho más en el apego ansioso y explorar las razones por las que has llegado al lugar en el que te encuentras en tu vida actual. Naturalmente, esto requiere examinar tus experiencias pasadas. Debido a la importancia de tus primeros vínculos, sería conveniente analizar cómo fuiste criado.

Es posible que tus padres hayan sido abusivos, y lamento profundamente si ese es tu caso. También es posible que tus padres no fueran perfectos, pero lo hacían lo mejor que podían. Sé, por experiencia propia, que en aquella época no existía la misma concientización en torno a la salud mental y el desarrollo infantil, y desde luego no había tantos libros a los que nuestros padres pudieran acceder, para obtener ayuda y apoyo. Aquí es donde es tan importante recordar las palabras de Adam Phillips. Puede que el pasado te haya llevado a donde estás hoy, pero eso no significa que tenga que tener el mismo poder sobre tu futuro.

A medida que avances en este capítulo, la idea no es culpar a tus padres de tus apegos ansiosos, porque eso sólo te causará más dolor. Tomemos el ejemplo de Michelle. El padre de Michelle estaba en el ejército y no estuvo con ella durante la mayor parte de su primer año de vida. Cuando tenía unos 10 años, Michelle se dio cuenta de que su padre no parecía estar muy presente cuando estaba en casa. Tuvo una aventura extramatrimonial, y esto le llevó al divorcio y, tras unos años complicados, Michelle dejó de hablar con él.

De adulta, Michelle tuvo dificultades para conectar con sus parejas, no porque se aferrara a ellas porque echara de menos una figura paterna fuerte, sino porque era demasiado independiente. Michelle creía que no necesitar a nadie era algo bueno. Sin embargo, cuando se tomó el tiempo de ver cómo estaba afectando esto a su salud mental, empezó a comprender que su necesidad casi obsesiva de ser independiente provenía de su miedo a dejar entrar a alguien a su vida, depender de él y que luego la abandonara.

Nada iba a cambiar sus experiencias pasadas, pero sólo ella podía determinar cómo planearía su futuro.

Comprender lo que provocó su padre era un paso doloroso pero crucial para aprender más sobre sí misma. Pero aferrarse al pasado sólo le impediría avanzar. Te animo encarecidamente a que adoptes la misma actitud mientras avanzamos.

Acercándonos: ¿Qué es el apego ansioso?

Antes de profundizar en el tema, hagamos un rápido resumen. El apego ansioso tiene su origen en el miedo al abandono y al rechazo. Puede causar una grave falta de confianza en el otro, aferramiento y baja autoestima y autoconfianza. También se conoce como trastorno del apego preocupado, en el que las personas se ponen nerviosas cuando se separan de su pareja.

Aunque cada persona y cada relación es diferente, algunos desencadenantes comunes pueden iniciar este miedo al abandono o al rechazo. Uno de estos desencadenantes, con el que varios se identificarán, es el conflicto. En el momento en que tu pareja y tú discuten, tu mente automáticamente asume que es el fin de la relación. Esto puede ocurrir incluso durante un conflicto sano y en relaciones nuevas. Para alguien con apego ansioso, no hay nada más aterrador que la primera discusión con una nueva pareja.

Esto es similar a los niveles de receptividad. Al principio de una relación, la comunicación es un hervidero de mensajes y quizá llamadas a lo largo del día. Una vez que pasa la fase inicial de luna de miel, las parejas entran en una rutina de comunicación diaria, que normalmente es menos frecuente que aquellos primeros días. Para ti, no importa si estás en tu primer mes o en tu décimo año, cuando tu pareja no responde, sueles pensar lo peor. Si somos brutalmente sinceros, puede que lo peor no sea que le haya pasado algo malo, ¡sino que ya no esté interesado en una relación contigo!

Toda relación tiene sus altibajos y, en los momentos difíciles, la pareja puede expresar estas preocupaciones. Cuando tu pareja expresa estas preocupaciones, oyes las palabras, pero no estás escuchando. En cambio, tu mente está catastrofizando la información como si fuera el fin, pero tu pareja nunca dijo eso. En casos extremos, puedes haberte encontrado saboteando la relación.

Por desgracia, tus acciones, intencionadas o no, tienden a alejar a tu pareja y a crear distancia entre ustedes. No hace falta decir que esta distancia es suficiente para que temas aún más el final. Tu pareja puede salir con amigos o estar atrapada en el trabajo, al igual que tú, y eso se convierte en una razón para no pasar tiempo contigo.

También habrá ocasiones en que los miembros de la pareja busquen más independencia, sobre todo a medida que avanza la relación. Normalmente, al principio de una relación, los individuos lo hacen todo juntos. Ya sea que la independencia llegue tras el periodo de luna de miel o como resultado de un aumento de los conflictos, tus necesidades no están siendo validadas.

Por último, un desencadenante importante puede ser también la imprevisibilidad, que a menudo está relacionada con los cuidados que alguien recibe de niño. Si uno de tus progenitores hubiese estado a tu lado un minuto y al siguiente no, esto podría provocar inseguridades en ti, cuando tu pareja o compañero no es consistente en su comportamiento.

Estos desencadenantes suelen centrarse más en las relaciones románticas, pero también pueden observarse en otros tipos de relaciones. Otro signo del apego ansioso es la complacencia, la cual puede manifestarse en las relaciones de pareja, con los padres, los amigos y los compañeros de trabajo. En un intento por no ser abandonado o rechazado, harás todo lo posible para asegurarte de que los demás sean felices.

Si te encuentras atrapado en una relación tóxica, la otra persona lo utilizará en su beneficio. En muchas ocasiones, te esfuerzas demasiado por satisfacer las necesidades de los demás, cuando ellos estarían contentos con mucho menos.

Por ejemplo, si quieres sentirte aceptado en el trabajo y superar el miedo a perder tu empleo, puede que acabes asumiendo más responsabilidades de las que deberías e incluso más de las que te pagan por hacer.

Tu jefe y tus compañeros se habrían conformado con que cumplieras tu función y no llegaras al extremo de trabajar hasta la extenuación.

Concluyamos con algunas señales más que podrían indicar que estás atrapado en un estilo de apego ansioso:

• Chequeas con frecuencia las redes sociales para obtener más información sobre alguien

• Tiendes a desconfiar cuando las cosas están en calma

- Haces cosas que los demás quieren, incluso cuando tú no quieres, y eres consciente de que estas acciones te causarán más daño que bien

- A menudo preguntas a tu pareja si te encuentra atractivo

- Evitas terminar una relación incluso cuando es una relación insana

- Preguntas constantemente a tu pareja lo que piensa o siente

- Tienes una visión negativa de ti mismo

- No puedes resolver problemas sin tu pareja

- Pasas mucho tiempo rumiando los peores escenarios y no sólo en las relaciones románticas

En lugar de tomar el teléfono para comprobar si tienes un nuevo "me gusta", un "compartir" o un mensaje, sigamos adelante mientras reflexionamos sobre cómo se desarrolla el apego ansioso.

Vinculando el pasado con el presente

Como vimos en el primer capítulo, el apego ansioso suele tener su origen en nuestra primera infancia. Esto puede deberse a la separación de nuestros cuidadores o a la inconsistencia nuestro cuidado por parte de ellos, como estar emocionalmente disponibles y luego retirar toda su atención. En estas situaciones, los niños no saben qué esperar y nunca están seguros de si sus necesidades serán satisfechas. Esto también se aplica a situaciones de trauma y negligencia. El entorno caótico en el que crecen estos niños puede hacer que se vuelvan hipervigilantes y extremadamente sensibles a cualquier signo de rechazo o abandono.

Por desgracia, el apego ansioso puede remontarse incluso más atrás en el tiempo. Los niños que son testigos de los síntomas de apego ansioso de un progenitor tienen más probabilidades de crecer y desarrollar el mismo estilo de apego. Si un progenitor ha crecido en un entorno impredecible, podría considerarlo normal. A menos que hayan tomado medidas para superar su propio estilo de apego, lo cual es poco probable debido a la falta de concientización sobre salud mental en el pasado, estos "comportamientos normales" los acompañarán al criar a sus propios hijos.

En el Paso 1, parece que las madres han sido bastante juzgadas por su posible papel, lo cual es una cuestión generacional. En el pasado, era mucho más habitual que las madres se quedaran en casa y que los padres fueran el único sostén de la familia. A medida que la dinámica familiar ha ido cambiando y los padres se han ido implicando cada vez más en la vida de los niños, investigaciones recientes han demostrado que el estilo de apego del padre puede influir en el nivel de ansiedad del niño hasta la adolescencia (Jagoo, 2022). Un padre iracundo puede provocar un apego ansioso entre padre e hijo. Por lo tanto, no sólo las figuras maternas pueden contribuir al apego ansioso.

Las relaciones de las que es testigo un niño también pueden influir mucho en su futuro estilo de relacionamiento. Los padres que discuten mucho tienen más probabilidades de crear un entorno inestable, sobre todo en términos de estabilidad emocional. Los niños pueden sentirse sobresaltados, desatendidos en momentos de conflicto, o ser el blanco de la ira o la frustración de los padres. Los padres que tienen un estilo de apego ansioso o evitativo son más conflictivos a la hora de co-paternar, lo que provoca más conflictos. Esto puede repercutir negativamente en las habilidades sociales, el bienestar emocional y la capacidad de afrontamiento del niño (Busacker, 2022).

No es sólo la crianza lo que puede causar este tipo de estilo de apego. Hay pruebas que demuestran que las personas con apego ansioso tienen una actividad cerebral diferente, sobre todo en las partes del cerebro que manejan la respuesta ante amenazas. El procesamiento sensomotor es la forma en que el cerebro maneja la información recibida por los sentidos y luego la integra en una respuesta motora concreta dentro del sistema nervioso central. Tomemos, por ejemplo, el modo en que se te revuelve el estómago con determinados olores, o apartas la mano cuando tocas algo caliente.

Para comprender cómo pueden funcionar los cerebros de forma diferente, también tienes que entender tu espacio peripersonal, que es el espacio alrededor de tu cuerpo que puedes alcanzar. Otro aspecto crucial a considerar es la red cortical parietofrontal, la parte de los procesos sensomotores que responde a las cosas que se acercan a tu espacio peripersonal.

Veamos cómo funcionan los tres juntos antes de profundizar en la investigación. Imagina que escuchas ladrar a un doberman al otro lado de la carretera. Tus oídos captan el sonido y envían un mensaje a tu sistema sensomotor. Como la amenaza sigue al otro lado de la carretera, tu sistema nervioso central aumenta tu frecuencia cardiaca. Cuando ese perro cruza la carretera y entra en tu espacio peripersonal, lo bastante cerca como para morderte, la red cortical parietofrontal entra en acción, ¡y tu mano puede moverse para proteger tu cuerpo o para pegarle al perro!

El Centro de Ciencias Cerebrales de la Universidad de Harvard reclutó a un grupo de adultos para comprender mejor el funcionamiento del cerebro y los distintos estilos de apego. Participaron personas con los cuatro estilos de apego. Mientras se tomaban imágenes de resonancia magnética funcional (IRMf) del cerebro, se mostraron, a los participantes, imágenes de un rostro humano que se acercaba a ellos y luego se alejaba. También se les mostró un coche que se acercaba y luego se alejaba. En los que tenían un apego ansioso, se observó mayor actividad en la red cortical parietofrontal en comparación con quienes tenían otros estilos de apego (Nasiriavanaki et al., 2021).

Lo más interesante es que esto sólo ocurría con la imagen del rostro humano, y no con la del automóvil, y sólo cuando el rostro se acercaba. Además, no se asociaron otros síntomas con su estilo de apego ansioso. Aparte de las experiencias de la primera infancia, ¡tu apego ansioso puede deberse a una red sensomotora demasiado reactiva!

Las investigaciones son contradictorias sobre si la cultura influye o no en el apego ansioso. Algunos creen que no existe correlación, mientras que otros piensan que la correlación es menor. Es lógico pensar que en culturas con lazos familiares estrechos y dependencia de los demás podría haber una mayor prevalencia de apego ansioso. La sociedad también puede desempeñar un papel en función de sus mensajes sobre las relaciones. Si existe presión para tener o mantener relaciones, alguien con apego ansioso puede sentirse aún más ansioso con esta presión y potenciar su miedo al abandono.

El ciclo de la preocupación y la <u>inseguridad</u>

El apego ansioso no solo genera momentos de intensa duda e inseguridad, sino que también desencadena una serie de respuestas que alimentan tu ansiedad y tus miedos.

Este ciclo comienza con un desencadenante o una amenaza percibida, que luego da lugar a una serie de pensamientos. Normalmente, estos pensamientos acaban siendo pensamientos catastrofistas, en los que tu mente va directamente al peor escenario posible, o empiezas a exagerar la importancia de la relación. Eso no quiere decir que tu relación no sea importante, pero puedes pensar que es una parte esencial de lo que eres e incluso una parte central de tu autoestima. Las relaciones forman parte de tu vida, pero debes seguir teniendo un sentido saludable de quién eres como individuo.

Luego de los pensamientos, llega la respuesta emocional, principalmente el miedo y la ansiedad, que también pueden desencadenar fuertes respuestas físicas. Y, en un intento de encontrar consuelo, tu comportamiento cambia, necesitando validación o pruebas de que la relación no se está acabando. Tu pareja puede responder validando la relación, pero el alivio de la ansiedad es breve. Si estás acostumbrado a un patrón incoherente de atención y afecto, tu mente estará esperando el siguiente desencadenante. Aquí tienes un ejemplo del ciclo:

- **Desencadenante:** Tu pareja tiene que trabajar el sábado por la mañana.

- **Pensamiento:** No puede estar en el trabajo, así que debe tener una aventura; la relación se ha acabado.

- **Respuesta emocional:** Sientes tristeza y miedo de quedarte solo en el futuro.

- **Comportamiento:** Estás hipervigilante y revisas constantemente el teléfono de tu pareja.

- **Resultado:** No encuentras ningún mensaje, lo que te alivia temporalmente.

- **Refuerzo de la ansiedad:** Tu pareja llega tarde a casa del trabajo, y el ciclo vuelve a empezar.

Este ciclo demuestra que no se trata de lo que haga o deje de hacer la pareja. La única forma de romper este ciclo es abordar las inseguridades subyacentes de tu apego ansioso.

El impacto del apego ansioso

A estas alturas, no es necesario volver a detallar excesivamente el impacto que el apego ansioso tiene en las relaciones. Es como caminar constantemente sobre cáscaras de huevo, y no obtienes la satisfacción que deberías obtener en la relación. En lugar de sentir alegría, estás preocupado y obsesionado por los pequeños detalles.

Esto no sólo es agotador para ti. Tu pareja está haciendo un trabajo extra para intentar satisfacer tus necesidades e inseguridades, y también es agotador para ella.

Aunque la mayor parte de la atención suele centrarse en las relaciones románticas, los apegos ansiosos pueden afectar a cualquier tipo de relación. Puede que necesites mucha validación de tus amigos. Esto puede ser especialmente difícil en las dinámicas de grupo, en las que temes que te dejen de lado o te sustituyan por otra persona. Es habitual tener problemas con la pareja y necesitar un amigo con quien hablar para obtener apoyo emocional. Sin embargo, un apego ansioso puede llevar esto al extremo, y los amigos pueden sentirse abrumados por esta necesidad. Esto puede deberse a una falta de límites, que también puede causar problemas con los miembros de la familia.

Que tú tengas un apego ansioso no significa necesariamente que tu hermano también lo tenga, teniendo en cuenta la variedad de causas de este estilo de apego. Tus hermanos pueden haber crecido con un apego seguro, y esto hace que les resulte difícil entender por qué compites constantemente por la atención, el afecto y la aprobación de tus padres.

Si consigues esta atención, tus hermanos pueden sentirse celosos, lo que desencadenará un conflicto entre ustedes.

Incluso si no obtienes la atención extra, es probable que tus hermanos se sientan frustrados.

En cuanto al entorno laboral, también puedes notar que buscas constantemente la validación o que te desvías de tu camino para mantener contentos a los demás, especialmente en situaciones altamente conflictivas. Es probable que te cueste trabajar de manera independiente y que dependas de tus superiores, lo cual podría influir en la forma en que perciben tus habilidades.

La retroalimentación podría significar un desafío particular, ¡incluso cuando se trata de críticas constructivas! Cuando un superior te ofrece su opinión, puede que te centres sólo en lo negativo, filtrando cualquier información positiva que te hayan proporcionado.

Al centrarte solo en lo negativo, estás alimentando el miedo al rechazo. No se trata solo de que tu trabajo no sea lo suficientemente bueno, sino de que sientes que tú no eres lo suficientemente bueno.

La consecuencia de esto es que te esfuerzas aún más por sentirte aceptado, lo que te pone en riesgo de experimentar estrés laboral crónico y agotamiento.

El apego ansioso también puede aumentar el riesgo de padecer trastornos histriónicos y límite (Mikulincer y Shaver, 2012). El trastorno histriónico de la personalidad es un patrón de conductas de búsqueda de atención e inestabilidad emocional. Los individuos con este trastorno suelen actuar de forma dramática e inapropiada para conseguir esta atención, pero también pueden utilizar su apariencia y sexualidad.

Un trastorno límite de la personalidad afecta a la forma en que una persona se ve a sí misma. En las relaciones, esto puede causar inestabilidad, impulsividad y momentos de intensidad. El miedo al abandono suele desencadenar fuertes respuestas emocionales.

No todas las personas con un apego ansioso desarrollarán trastornos histriónicos o límite. Si te preocupa, es posible que necesites ayuda profesional para controlar los síntomas de estos trastornos, pero antes de llegar a eso, desarrollar la autoconciencia es crucial.

La importancia de la autoconciencia

¿Te has dado cuenta de cuánto de la vida se vuelve automático, como si estuvieras en una cinta transportadora simplemente cumpliendo con las rutinas?

Cuando esto ocurre, es difícil detenernos a pensar en nuestras acciones, comportamientos, pensamientos y emociones. La falta de autoconciencia puede hacer que ignoremos pensamientos y sentimientos, lo que puede aumentar la ansiedad, la depresión y los comportamientos negativos.

Por otra parte, la autoconciencia nos permite calmar el ruido constante de nuestra mente, tomar el control de nuestra vida, cambiar nuestras creencias negativas y mejorar nuestro bienestar físico y mental.

Nos ayuda a ver tanto nuestros hábitos positivos como aquellos que no lo son tanto, además de nuestras fortalezas y áreas de mejora. Esto puede ser difícil y generar miedo, ya que a nadie le gusta indagar en sus defectos.

En el Paso 4, investigaremos el poder de la autoconciencia con más detalle, pero por ahora, ésta es una buena oportunidad para tomarte un tiempo para ser más consciente de tus relaciones actuales.

Toma tu diario y trabaja en las siguientes preguntas:

• ¿Puedes ser verdaderamente tú mismo cuando estás con tu pareja?

• ¿Tu pareja te entiende?

• ¿Tu pareja y tú comparten el mismo sentido del humor?

• ¿Es importante para ti que tengan los mismos intereses?

• ¿Puedes ponerte la mano en el corazón y decir que confías en tu pareja?

• ¿Puedes ser sincero con tu pareja?

• ¿Te sientes apoyado por tu pareja?

• ¿Comparten valores fundamentales?

• En una escala del 1 al 10 (siendo 10 completamente), ¿qué tan feliz eres en tu relación?

• ¿Cómo has cambiado desde que estás con tu pareja?

• ¿Cómo gestionas las discusiones en tu relación?

• ¿Se apoyan mutuamente en sus sueños y objetivos?

- ¿Sientes que tienes un espacio seguro para comunicarte?

- ¿Cuáles son algunos de los retos de estar en una relación contigo?

- ¿Cuáles son tus mejores cualidades en esta relación?

- ¿Cómo demuestras amor y afecto?

- ¿Estás abierto al amor y al afecto?

Seamos sinceros, tras comprender el verdadero impacto del apego ansioso y reflexionar sobre tu relación, ¡las cosas pueden parecer un poco sombrías! Pero, quizás te sorprendas al descubrir que tu apego ansioso podría tener un lado positivo.

En el próximo capítulo, vamos a ver la otra cara de la negatividad y cómo puedes utilizar tu apego como fortaleza mientras trabajas para liberarte de los miedos y la ansiedad.

PASO 3: DE LA ANSIEDAD AL ACTIVO

Nuestras heridas son a menudo la apertura a la mejor y más bella parte de nosotros mismos.

— *DAVID RICHO*

Es difícil imaginar que salga algo bueno de algo que te ha causado tantos problemas. Pero, ¿y si pudieras dejar de luchar contra tu apego ansioso y darle un mejor uso a esa energía? El primer paso es reconocer que las heridas causadas por tu estilo de apego tienen ciertas ventajas si sabes dónde buscar.

Otra perspectiva

Tu pareja se va de viaje de negocios un fin de semana, y la ansiedad comienza a surgir. No puedes aguantar todo un fin de semana solo, y tu excitación sólo confirma que la relación está condenada. ¿Qué aspectos positivos pueden encontrarse tras este miedo y esta ansiedad? Para responder a esta pregunta, tenemos que adoptar otra perspectiva. Mientras lees esta sección, quiero que imagines a un amigo tuyo que comparte tu apego ansioso. ¡Siempre es más fácil mostrar más compasión hacia los demás que hacia nosotros mismos!

No hay duda de que las personas con apego ansioso están totalmente comprometidas con las relaciones y no tienen miedo a la intimidad. Se enamoran fácilmente, ¡lo cual no siempre es una señal de alerta! Significa que son conscientes de sus emociones y están emocionalmente disponibles. También es señal de que saben lo que quieren en una relación y saben exactamente cómo debería ser. Por ejemplo, si valoras el humor por encima de la inteligencia y encuentras a alguien que te hace reír constantemente, es natural que la oxitocina y la dopamina entren en acción, ya sea que hayan pasado unas semanas o unos meses.

Aunque hay problemas en las relaciones de apego ansioso, alimentados por el miedo al abandono, el alto nivel de compromiso significa que las personas son menos propensas a abandonar una relación cuando hay problemas. Puede que no sepan cómo manejar los problemas, pero no tiran la toalla como podrían hacerlo otras personas.

Imagina que tu amigo es hipervigilante. Capta hasta el más mínimo detalle que muchos otros pasarían por alto.

¿Y si esta hipervigilancia se considerara un superpoder, especialmente combinado con una mayor conciencia emocional? Están muy atentos a las emociones y necesidades de su pareja, y con tanto amor que dar, están encantados de apoyar esas necesidades y sentimientos. Cuando su pareja dice que está bien, saben leer entre líneas y comprender que no lo está.

Tener un apego ansioso se deriva de una baja autoestima, pero sólo se refiere a cómo se ve la persona a sí misma. Es probable que vea a su pareja de forma extremadamente positiva. Cuando su pareja se siente mal, quien padece de apego ansioso está ahí para destacar sus cualidades y ayudarle a verse de forma más favorable.

Quien tiene apego ansioso también puede ser un amigo estupendo por muchas de las mismas razones anteriores. Son buenos detectando las necesidades de sus amigos y ofreciéndoles apoyo, esforzándose por mantener las relaciones. Esto puede ser especialmente beneficioso para las amistades a larga distancia, cuando el contacto tiende a desvanecerse.

Esta preocupación por los amigos puede significar a menudo que quien padece de apego ansioso asuma el papel de cuidador en el grupo, y que los amigos se sientan seguros y cómodos hablando de sus problemas con él. Una vez más, ser complaciente suele asociarse con algo negativo, pero mientras los amigos no se aprovechen, es tranquilizador saber que un buen amigo siempre les cubrirá las espaldas y estará ahí si lo necesitan.

Incluso el ámbito laboral podría ser beneficiosa la presencia de una persona con apego ansioso. La investigación llevada a cabo por Ein-Dor y Shaver en 2011 dio lugar a la Teoría de la Defensa Social, que establece que cada estilo de apego tiene un beneficio y un inconveniente. Determinaron que las personas con apego ansioso eran más propensas a recordar información relacionada con amenazas, lo que significaba que tenían más probabilidades de detectar una amenaza potencial y advertir a los demás (Psychology in Action, s.f.). Esta hipervigilancia es beneficiosa, ya que estas personas identifican mejor los problemas en el lugar de trabajo. De hecho, esta mayor conciencia de las amenazas actúa también como mecanismo de supervivencia respecto a los amigos y la pareja.

La necesidad de ser aceptado por un amigo puede ser agotadora, pero también significa que son trabajadores, leales y fiables. Se atienen a las normas para no hacer tambalear el barco. Naturalmente, otros atributos como el compromiso, la consideración y el apoyo también pueden ser ventajosos en el entorno laboral.

Es normal que te hayas enfocado en el aspecto negativo de tu estilo de apego e incluso ahora, es posible que no estés del todo convencido. Hay dos ventajas más de tu estilo de apego que merecen una mirada más atenta.

La empatía como puerta de acceso a conexiones más profundas

Uno de los superpoderes que analizamos en la sección anterior era la capacidad de sintonizar con las emociones y necesidades de otras personas, lo que en esencia es empatía. La empatía es diferente de la simpatía. La simpatía consiste en sentir lástima por alguien que está pasando por un mal momento, mientras que la empatía es la capacidad de sentir las mismas emociones que esa persona está experimentando.

Hay tres tipos de empatía en cualquier tipo de relación: cognitiva, emocional y compasiva. La empatía cognitiva, te permite comprender cómo se siente una persona y lo que podría estar pensando. La empatía emocional, se refiere a la conexión emocional entre dos personas y sus sentimientos sobre lo que están viviendo. La empatía compasiva, te permite actuar basándote en la comprensión de lo que está pasando exactamente esa persona.

Es posible que te cueste comunicar lo que sientes, pero si eres empático, ya tienes la mitad del camino recorrido. La capacidad de ver y sentir verdaderamente por lo que está pasando alguien abre la puerta a una comunicación sana, sobre todo cuando se trata de enfrentar conflictos.

Imagina una discusión típica con tu pareja sobre la dependencia emocional. Sin empatía, sólo puedes ver tu parte de la discusión y te quedas atrapado en la trampa de tus miedos. Con empatía, puedes ver que tu pareja te quiere de verdad y se preocupa por ti. Pero también necesita un poco de espacio para respirar de vez en cuando. La empatía te permite experimentar la vida a través de sus ojos y cerrar las brechas en la relación.

La empatía te permite practicar la compasión. Cuando tu pareja entra por la puerta, puede que sientas una necesidad incontrolable de contarle todo acerca de tu día. Sin embargo, tu lado empático ve que ha tenido un día duro y necesita una oportunidad para desconectar antes de que te desahogues, o quizá necesita que alguien escuche sus preocupaciones. Cuando no les das este espacio y se muestran bruscos, la empatía te ayudará a comprender su comportamiento.

En esto hay una lección un poco dura para nosotros. Tomarte un momento para ver las cosas desde el punto de vista de otra persona puede ayudarte a poner de relieve tus defectos o, al menos, las áreas en las que podrías trabajar para fortalecer tus relaciones. Por ejemplo, no apresurarte a buscar la validación de tu pareja cuando entra por la puerta puede mostrar la necesidad de ser más paciente de tu parte, lo que aumenta tu autoconciencia.

La empatía no consiste sólo en conectar con las emociones negativas percibidas y los problemas potenciales. También consiste en sentir tus emociones positivas percibidas, y sorprendentemente esto puede ser aún más beneficioso. Un estudio demostró que empatizar con las emociones positivas era cinco veces más beneficioso para la satisfacción en la relación que sólo empatizar con las negativas (Andreychik, 2017).

Junto con estos efectos positivos en tus relaciones, la empatía también puede reducir tus niveles de estrés. Transitar por la vida sin saber cómo se sienten realmente los demás puede contribuir a elevar tus niveles de estrés e inseguridades, ya que te cuestionas constantemente lo que piensa la otra persona. No necesitas incrementar tu estrés intentando solucionar sus problemas, porque a menos que te hayan pedido específicamente tu opinión, no es tu responsabilidad. Sin embargo, saber que los comprendes puede aliviar su tensión y la tuya.

Si crees que tus habilidades de empatía podrían mejorar, no te preocupes. En el Paso 6, ¡podrás trabajar en el desarrollo de tus habilidades de empatía y comunicación!

De la vulnerabilidad al empoderamiento

En una sociedad en la que se valora la fuerza y la independencia, mostrar cualquier signo de vulnerabilidad se considera una debilidad. Es como si estuvieras mostrando tus defectos para que todo el mundo los vea, y eventualmente, alguien se aprovechará de ellos. Este es un gran error de concepto.

Brené Brown, una destacada experta en empatía y vulnerabilidad, define la vulnerabilidad como "incertidumbre, riesgo y exposición emocional". También cree que es el centro de las experiencias humanas significativas. Entonces, ¿cómo es que mostrar tu vulnerabilidad puede ser en realidad tu mayor fortaleza?

Según la definición de Brown, la vulnerabilidad consiste en mostrar tus verdaderas emociones, incluso ante la incertidumbre o cuando percibes un riesgo. Esencialmente, la única forma de lograr una relación fuerte y significativa es abriéndote lo suficiente para que las personas puedan ver tu auténtica personalidad, exponiendo tanto lo bueno como lo malo.

Cuando intentas ocultar tus defectos o debilidades, la gente sólo ve las cualidades positivas y te coloca en un pedestal. Pueden mantener las distancias, física o emocionalmente, por miedo a no ser lo bastante buenos. En cuanto otra persona puede ver que eres un simple humano imperfecto como el resto de nosotros, resulta más fácil establecer una conexión.

Dicho esto, al considerar tu pasado, es normal que hayas creado ese muro emocional a tu alrededor como forma de autoprotección. Cada vez que te han hecho daño, intencionadamente o no, se ha añadido otro ladrillo más a ese muro.

Esto me recuerda a una gran escena de *The Cleaner*, en un episodio llamado "Cuando el matrimonio conduce al asesinato". La esposa, interpretada por Helena Bonham Carter, explica cómo un acto puede ser como un corte con un papel. Duele y sangras. Pero el dolor de tu pasado es como un corte con un papel tras otro. Tiene sentido que hayas hecho lo que tenías que hacer para protegerte de ello.

La vulnerabilidad no sólo se manifiesta emocionalmente. También puedes notar sensaciones físicas que se suman a la angustia. Son esos momentos en los que tu corazón empieza a acelerarse cuando sales de tu zona de confort, las manos temblorosas cuando quieres explicar algo a alguien o el malestar en el estómago cuando sientes que están a punto de hacerte daño. Todo esto nos hace temer ser vulnerables.

Huir de la vulnerabilidad puede impedirte experimentar la inmensidad de tus emociones. La alegría es esencial para proporcionarnos placer, felicidad y positividad.

Cuando el miedo a la vulnerabilidad bloquea tu camino, no puedes abrazar plenamente la alegría porque siempre habrá una parte de ti esperando que ocurra algo malo.

Por otra parte, aunque la vergüenza puede ser increíblemente angustiosa, su finalidad es mostrarnos en qué nos hemos equivocado y, sin ella, hay poco margen para el crecimiento personal.

Las investigaciones han demostrado que la vulnerabilidad conduce a una mejor salud mental, a una mayor resiliencia en tiempos de adversidad e incluso a una mayor valentía (Kumar, 2023). Esto tiene sentido. Piensa en alguna ocasión en la que hayas encontrado tu valor y hayas conseguido algo que no habrías creído posible.

¿No implicaba un riesgo? ¿No tenías que salir de tu zona de confort y estar dispuesto a hacer cosas que expusieran tus debilidades? Cuando miras las cosas desde esta perspectiva, puedes ver cómo la vulnerabilidad puede ser una gran ventaja.

El primer paso para ser más vulnerable es reconocer tus vulnerabilidades y aceptarlas como parte de la experiencia humana. Y necesitas ser capaz de mostrar compasión hacia tu ser completo. Que tengas defectos no significa que no puedas trabajar en ellos y mejorar.

Ten esto en cuenta cuando respondas a las siguientes preguntas:

- ¿Qué emoción sientes más a menudo?
- ¿Qué es lo peor que le has hecho a alguien?
- ¿Qué es lo que menos te gusta de ti?
- ¿Cuál es tu mayor inseguridad?
- ¿Cómo podrías ser una mejor persona?
- ¿De qué manera crees que te menosprecian los demás?
- ¿Cómo defines tu autoestima?
- ¿Qué cualidad tienes de la que te avergüenzas?

Luego, tienes que poder confiar en la persona con la que quieres ser vulnerable. Para ello, tienes que recordar que tu pareja, o cualquier otra persona cercana a ti, no son las mismas personas que aquellas que te hicieron daño en el pasado. Las personas que tienes ahora en tu vida merecen ser tratadas como los individuos que son. Aunque hay gente por ahí con malas intenciones, también hay mucha en la que merece la pena confiar.

Es importante que des pequeños pasos hacia la vulnerabilidad. Una cosa es salir de tu zona de confort, y otra muy distinta es saltar tan lejos que te causes un sufrimiento innecesario. Empieza compartiendo un detalle personal que normalmente mantendrías en privado con alguien cercano a ti o hablando de los errores que has cometido. La próxima vez que sientas miedo, culpa o vergüenza, siéntate con ello y acéptalo en lugar de esconderte o reprimirlo. Si sigues dando estos pequeños pasos cada día, ¡notarás cómo los muros que te rodean comienzan a derribarse!

Volver a sentirse bien

Has recorrido un largo camino en poco tiempo, comprendiendo la verdadera profundidad de tu apego ansioso y sus raíces. Aunque este estilo de apego tiene sus ventajas, no es algo a lo que quieras aferrarte.

Desarrollar un apego seguro te permitirá mantener lo positivo, pero también te ayudará a superar todo lo que te está frenando en tus relaciones.

Para ello, vamos a volver al marco **"Sentirse bien"** y a trabajar en los siguientes ámbitos de la vida:

- Afrontar las ansiedades en las relaciones
- Descubrir y desarrollar la autoconciencia
- Calmar los pensamientos ansiosos
- Profundización de las conexiones
- Fomentar la confianza y la autoestima
- Equilibrar la independencia y unión en la pareja

Los beneficios de este proceso transformador son dobles. En primer lugar, verás grandes avances en tus relaciones. Tu hipervigilancia y ansiedad se calmarán y se sustituirán por lazos fuertes basados en la confianza.

En lugar de esperar lo peor, comenzarás a ver las buenas intenciones de los demás, sobre todo cuando empieces a aumentar tus niveles de empatía.

Sin embargo, no deberías embarcarte en este cambio sólo por los demás. Aportará muchos aspectos positivos para ti como individuo. A medida que reduzcas tus niveles de angustia y des pasos hacia una mejor salud mental con mejores habilidades de regulación emocional, cambiarás la forma en que te ves a ti mismo, ganando confianza, autoestima y un sano sentido de tu valor personal.

Sé que sigues teniendo esa inquietante necesidad de complacer a tu pareja y a las demás personas que te rodean, pero recuerda que no vas a dar estos pasos sólo por ellos.

Con esto en mente, tómate un tiempo para pensar en lo que quieres conseguir para ti respondiendo a las siguientes preguntas:

• ¿Qué hábito tienes que quieres dejar cuanto antes?

• ¿Qué habilidad quieres aprender en el próximo mes?

• ¿Cuál es el mayor cambio de comportamiento que esperas conseguir en los próximos 2 meses?

• ¿Dónde te ves dentro de 6 meses?

• ¿Qué podrías hacer el año que viene para sentirte orgulloso de ti mismo?

Las respuestas detalladas a estas preguntas serán la guía de tu camino hacia el crecimiento personal, y junto con este crecimiento vendrá la liberación de tu estilo de apego ansioso.

¡Es hora de sentar las bases de este cambio apasionante volviendo a la autoconciencia y buscando una mejor comprensión de ti mismo y de tus relaciones!

PASO 4: UNA MIRADA HACIA ADENTRO

Conocerte a ti mismo es el principio de toda sabiduría.

— *ARISTÓTELES*

¿Crees que te conoces realmente? ¡Es una pregunta profunda! Probablemente sepas bastante bien quién eres, lo que te gusta y lo que no, lo que te motiva y lo que es importante para ti, pero todo esto puede considerarse la capa superficial de ti.

Conocer tu verdadero yo consiste en comprender tus puntos fuertes, tus sueños y deseos, las experiencias pasadas que dan forma a la historia que te cuentas a ti mismo, y tus perspectivas, creencias y valores. Consideramos muchos de estos aspectos en momentos fugaces, en lugar de integrarlos completamente a nuestras vidas.

Algunas personas consideran que su verdadero yo cambia ligeramente con el tiempo, pero otras tienen un planteamiento más fluido y sienten que las nuevas experiencias pueden transformar su identidad.

Para quienes tienen un apego ansioso, su sentido de identidad puede estar disperso, sobre todo si han cambiado cualquier aspecto que contribuya a su autoidentidad para complacer a los demás. No hace falta decir que los niños que crecen con un apego seguro tienen un fuerte sentido de identidad.

Para desarrollar una comprensión de tu auténtico ser, ¡es necesaria una mirada hacia tu interior!

El poder de la autoconciencia

Empecemos con una rápida recapitulación. La autoconciencia es la capacidad de prestarte atención a ti mismo, a tus pensamientos, emociones y acciones, y asegurarte de que todo ello se alinea con tus valores y creencias personales. Te permite gestionar las emociones y asegurarte de que los demás te entiendan correctamente.

La autoconciencia puede considerarse de dos tipos diferentes. La autoconciencia pública, se refiere a ser conscientes de cómo nos percibimos frente a los demás. Es lo que nos anima a atenernos a las normas de la sociedad y a comportarnos de forma aceptable.

Te habrás dado cuenta de que tu preocupación constante por lo que la gente piensa de ti ha llevado esta conciencia al nivel de la autoconciencia.

Este exceso de conciencia y preocupación en público puede provocar esos cambios que te alejan de tu autenticidad.

La autoconciencia privada, es la práctica de la introspección para comprender tu propio estado interno físico y emocional. Se trata de darte cuenta de los síntomas físicos que subyacen a tus emociones, de los que tú puedes ser consciente, pero los demás no.

Estos dos tipos de autoconciencia combinados te permiten tener una visión clara y objetiva de ti mismo. Ambos forman parte también de la teoría de la autoconciencia, la idea de que eres una entidad separada de tus pensamientos.

Al comprender esta diferencia, las personas conscientes de sí mismas pueden observar su comportamiento actual y ver cómo difiere de sus normas, valores y creencias internas, lo que contribuye a un mayor autocontrol.

Ser consciente de uno mismo es la piedra angular de la empatía. Cuando estás en contacto con tus sentimientos y puedes comunicarlos, animas a los demás a hacer lo mismo, y cuando una persona se abre sobre sus sentimientos, ya no estás haciendo suposiciones que podrían dar lugar a errores de comunicación.

Es como iluminar con una luz brillante que aporta claridad a las relaciones. Juntos, pueden tomar mejores decisiones con menos posibilidades de conflicto.

Esto tiene beneficios asombrosos para tu futuro y tu futura relación. La autoconciencia también es contagiosa. Cuanto más te vean hacerlo los demás, más lo harán ellos también. Además de profundizar aún más en tus relaciones, es una habilidad vital esencial para enseñar a tus hijos, si los tienes.

Quizás te preguntes cómo la autoconciencia puede conducir a una mejor capacidad de toma de decisiones. Piensa en una ocasión en la que reaccionaste basándote en tus emociones antes de tener toda la información.

Por ejemplo, aceptas hacer algo que quieren hacer tus amigos porque quieres evitar generar problemas respecto a sus planes. Pero luego resulta que los planes son aún más terribles de lo que habías imaginado.

Si hubieras dado un paso atrás en tu emoción inicial y hubieras considerado todos los hechos y si se ajustaban a tus normas, habrías tomado una decisión más informada.

Como concluimos en el capítulo anterior, tu viaje no sólo tiene que ver con tus relaciones. La autoconciencia puede hacer maravillas por tu propio bienestar. Te brinda la oportunidad de ver cuándo tus patrones de comportamiento contribuyen a una mala salud mental. Si estás luchando contra la ansiedad o la depresión, reconocer los síntomas puede ayudarte a controlarlas mejor en lugar de permitir que se descontrolen.

También es posible que la autoconciencia influya positivamente en tu salud física. Cuando estás en sintonía con tus respuestas físicas, es más fácil detectar cuando algo no va bien y descubrir antes los posibles riesgos para tu salud. Con una mejor capacidad para tomar decisiones, también estarás más inclinado a elegir un estilo de vida saludable.

Por último, si alguna vez has pensado que tu pareja te completa, pronto descubrirás cómo la práctica de la autoconciencia te permitirá sentirte una persona completa e independiente. Esto se remonta a tu viaje hacia el crecimiento personal para ti y para tus relaciones.

11 Pasos prácticos para construir la autoconciencia

Existe un poco de ironía en lo que respecta a la autoconciencia. Cuando la Dra. Tasha Eurich, psicóloga organizacional, y su equipo llevaron a cabo una investigación, descubrieron que el 95 por ciento de las personas pensaban que eran conscientes de sí mismas. Sin embargo, sólo entre el 10 y el 15 por ciento de los participantes cumplían los criterios de autoconciencia (The Forem, 2023). La lección aquí es que puedes pensar que vas bien en autoconciencia, pero los 12 pasos siguientes pueden ayudarte a ver lo contrario.

Verifica tu rueda de la consciencia

Aunque la rueda de la consciencia tiene varias versiones, la del Dr. Dan Siegel se basa en pruebas y se utiliza como metáfora visual para vincular la consciencia con el foco de atención (Dr. Dan Siegel, s.f.). En el centro de la rueda se encuentran los conceptos básicos de la conciencia: claro, consciente, receptivo, abierto, pacífico y calmado.

Para lograr esto, podemos centrarnos en los elementos externos de la rueda. Éstos incluyen los cinco primeros sentidos (tacto, gusto, olfato, vista y oído), el sexto sentido del cuerpo interior, el séptimo de las actividades mentales y el octavo de la interconexión. Esencialmente, la rueda te ayuda a comprender que la verdadera conciencia va más allá de los cinco primeros sentidos.

Conoce tus fortalezas y debilidades

Para comprender objetivamente tus puntos fuertes y débiles, es conveniente realizar un análisis FODA. FODA representa las siglas de Fortalezas, Oportunidades, Debilidades y Amenazas.

El análisis FODA se utiliza normalmente para el crecimiento profesional, pero se ha adaptado aquí para la autoconciencia.

Aquí tienes algunas preguntas para que reflexiones en cada paso:

Fortalezas

- ¿Qué habilidades y talentos tienes de forma natural?

- ¿Cuáles han sido algunos de tus mayores logros?

- ¿Qué te distingue de los demás?

Debilidades

- ¿Con qué áreas de tu vida luchas? No te centres sólo en el apego

- ¿Qué retroalimentación negativa has recibido recientemente?

- ¿Qué actividades o tareas te resultan difíciles?

Oportunidades

- ¿Qué tendencias podrían abrirte nuevas oportunidades?

- ¿Quién podría ayudarte a conseguir estas oportunidades?

- ¿Cómo podrías desarrollar nuevas habilidades?

Amenazas

- ¿Qué factores externos podrían suponer un reto para tu crecimiento personal?

- ¿Qué te impide alcanzar tus objetivos?

- A partir de las respuestas anteriores, ¿qué amenazas están bajo tu control?

El análisis FODA sirve para que conozcas mejor tus puntos fuertes y débiles. No está diseñado para crear un plan de acción. Recuerda que, por ahora, seguimos en el primer paso hacia el cambio, que es la concientización.

Comprende el impacto que tienes en los demás

Con el apego ansioso, puede que hayas descubierto que este punto te lleva directamente a lo negativo; te aferras, ves problemas donde no los hay y tus miedos y ansiedad a menudo te quitan lo mejor de ti. Sin embargo, puede que no te tomes tiempo para considerar el impacto positivo que tienes en las personas. Esperemos que, tras leer el capítulo anterior, ahora seas capaz de ver todas las increíbles cualidades que tienes como pareja, amigo y compañero.

Al final de cada día, dedica un momento a escribir en tu diario cómo has marcado la diferencia en la vida de otra persona. No tienen por qué ser cosas enormes, ni siquiera cosas que te ocupen mucho tiempo, y podría ser hacerle a alguien un cumplido sincero o darle un cálido abrazo cuando te das cuenta de que alguien está pasando un mal momento.

Recibir retroalimentación

Dentro de la autoconciencia, algunas personas tendrán puntos ciegos. Se trata de emociones, actitudes o creencias que influyen en tus pensamientos y acciones, pero de las que no eres consciente, lo que limita tu crecimiento personal. La solución a estos puntos ciegos es la retroalimentación, que cumple dos finalidades. En primer lugar, podemos ver lo que haces bien, y esto fomenta más de los mismos hábitos positivos. En segundo lugar, la retroalimentación te ayuda a poner de relieve las consecuencias de tus acciones y decisiones, e incluso te proporciona orientación para evitar que vuelvas a cometer los mismos errores.

Elige a unas cuantas personas de distintos ámbitos de tu vida, asegurándote de que sean personas cuyas opiniones valoras. Hazles saber por qué buscas su opinión, para que tengan cierto contexto. No hace falta que les cuentes toda la historia de tu vida, y puede ser tan sencillo como hacerles saber que pretendes mejorar tu autoconciencia. Para simplificar las cosas, utiliza el modelo Seguir, Dejar, Empezar con estas tres preguntas:

- ¿Qué es lo que debería **seguir** haciendo?

- ¿Qué es lo que debería **dejar de** hacer?

- ¿Qué es lo que debería **empezar a** hacer?

Cuando busques consejos, pide su opinión a personas de distintos ámbitos de tu vida, pero limítate a preguntar una cosa a cada persona para evitar respuestas abrumadoras. Una vez que te hayan dado las respuestas, reflexiona sobre lo que te han dicho, y no te centres únicamente en las partes negativas.

Escribe en tu diario todos los días

Hay una base de neurociencia detrás de la escritura en un diario para la autoconciencia. El cerebro contiene miles de millones de neuronas, y hay un tipo particular entre ellas llamado neuronas espejo. Estas neuronas se activan tanto cuando alguien realiza un acto motor específico como cuando observa a otra persona realizar el mismo acto. Son esenciales para la empatía y la comprensión emocional, y se activan al escribir en un diario.

En términos de autoconciencia, las neuronas espejo te permiten ver tus experiencias desde el punto de vista de otros que "reflejan" tus acciones. Al final de este capítulo, encontrarás más sugerencias para tu diario que te ayudarán en este proceso.

Mantén la curiosidad

Las neuronas espejo también son necesarias para el aprendizaje, al igual que lo es la curiosidad. Las personas más curiosas no sólo hacen más preguntas, sino que también tienden a buscar las respuestas por sí mismas.

Cuando somos capaces de aprender más, ampliamos nuestras perspectivas, lo que nos ayuda a vernos a nosotros mismos en diferentes contextos.

Las personas curiosas están abiertas a los diversos puntos de vista, y la curiosidad también puede reducir los estereotipos y los prejuicios. Fomenta tu curiosidad explorando diferentes culturas y religiones, aunque no seas religioso. Lee libros o mira películas que normalmente no verías e intenta hablar con personas de distintos ámbitos.

Crea una línea de tiempo de tu vida

En una hoja de papel, traza una línea a lo largo de la página y marca el comienzo de la línea con la fecha en que naciste. En la línea de tiempo, escribe los acontecimientos significativos que te han convertido en la persona que eres hoy. Puede tratarse de acontecimientos especiales o de personas que hayas conocido, tanto las buenas como las malas. Con tu diario, reflexiona sobre cada uno de estos momentos de tu vida, las lecciones que aprendiste, tus percepciones y el crecimiento personal que se produjo.

Escribe una carta de perdón

Una carta de autoperdón es una oportunidad para enfrentarte a errores pasados y liberar cualquier sentimiento de culpa o vergüenza que hayas estado reteniendo. El proceso de trabajar a través de estas acciones te permite conectar con las emociones asociadas a ellas, emociones que a menudo han estado enterradas durante mucho tiempo. Si te cuesta saber cómo empezar, puedes utilizar la siguiente línea como ayuda:

"Te perdono por aquellas veces en las que no fuiste la persona que intentabas ser...".

Practica la autoaceptación

Ésta no es fácil, porque aceptar que somos individuos defectuosos puede ser duro. Sin embargo, tanto lo bueno como lo no tan bueno te convierten en quien eres y moldean tu personalidad única. Para ello, tienes que verte a ti mismo separado de tus acciones y cualidades, porque éstas no son lo que te define.

La autoaceptación no significa que no haya margen para el cambio. Una cosa es aceptar tu apego ansioso y otra no querer hacer mejoras para fomentar el crecimiento personal. La autoaceptación consiste en aceptar quién eres en este momento, reconocer las cosas que no puedes cambiar y comprometerte con las que sí puedes.

Practica la atención plena y la meditación

Tanto la atención plena como la meditación pueden aumentar la conciencia emocional al pasar más tiempo en el presente, pero no son lo mismo. La meditación es una práctica en la que prestas atención a tus pensamientos sin juzgarlos. Es un tipo de atención plena, que es más un estado del ser que una práctica.

Estar aquí y ahora te hace más consciente de los pensamientos y sentimientos sin reaccionar ante ellos. No voy a profundizar demasiado aquí en la atención plena y la meditación, porque en el Paso 5 se explorarán más a fondo sus beneficios y se repasarán algunas actividades sencillas.

Asume riesgos saludables

Como vimos con la vulnerabilidad, tienes que aprender a salir de tu zona de confort para bajar la guardia y dejar entrar a los demás. Asumir riesgos saludables es una forma de salir al mundo real y ponerte en situaciones nuevas que te ofrezcan perspectivas alternativas para reflexionar sin desencadenar ansiedad. Los riesgos saludables podrían incluir dedicarte a una nueva afición, apuntarte a un club o hacer voluntariado.

Un paso aún más pequeño con grandes resultados sería cambiar a preguntas abiertas. Si haces una pregunta como "¿Disfrutaste de tus vacaciones?" obtendrás una respuesta de sí/no. Sin embargo, un ligero cambio en la estructura de la pregunta puede animar a los demás a abrirse, como "¿Qué es lo que más has disfrutado de tus vacaciones?".

En qué crees

Las creencias tienen muchas formas y dimensiones. Puedes elegir creer en una religión, en el bien que hay en las personas o en el mal que hay en ellas. Puedes creer que todo el mundo tiene derecho a poseer un arma o que los políticos sólo intentan hacerlo lo mejor posible. Nuestras creencias están moldeadas por nuestras experiencias vitales, nuestro entorno y nuestros conocimientos, y todo el mundo tiene derecho a expresar sus creencias individuales.

Sin embargo, hay un tipo de creencia que te estará frenando: tus creencias limitantes.

Las creencias limitantes son pensamientos que tomas como verdades absolutas, ya sean sobre ti mismo o sobre el mundo que te rodea. Son pensamientos como "no podría" y "no debería" que te impiden aprovechar las oportunidades o historias que te cuentas a ti mismo que te mantienen dentro de los límites de tu zona de confort.

Estos pensamientos suelen ser subconscientes o una forma de estrategia psicológica de afrontamiento. Podría ser la forma que tiene tu mente de protegerte del dolor potencial y de las emociones difíciles. Por ejemplo, es más fácil decirte a ti mismo que no puedes hacer algo, que enfrentarte a la humillación del fracaso.

Las creencias empiezan a desarrollarse mucho antes de que seamos conscientes de ellas. Escuchamos lo que dicen nuestros padres sobre sus creencias y empezamos a adoptarlas como propias. Puede tratarse de cualquier cosa, desde aficiones hasta elecciones profesionales y opiniones de otras personas. Una de las imágenes más impactantes que he visto recientemente era la de un niño negro y un niño blanco tomados de la mano con la leyenda: "Nadie nace racista". De ninguna manera estoy asumiendo que tus padres sean racistas, porque es igual de probable que te criaras en una familia que creía en la inclusión y la igualdad. Independientemente de las creencias de tus padres, es posible que hayan heredado algunas creencias de sus propios padres.

A medida que la gente envejece, sus propias experiencias vitales dan forma a sus creencias. Puede que hayas crecido en una familia amante de la carne, pero de adulto ves un documental sobre cómo se procesa la carne y decides hacerte vegetariano. Tal vez estés en contra del divorcio hasta que una pareja tóxica destruye tu relación y tu vida.

Naturalmente, la información desempeña un papel fundamental en nuestras creencias. ¿Te has dado cuenta alguna vez de que estás más inclinado a creer a las personas que respetas y admiras? Ya sea un jefe, un antiguo profesor o un político, reflexiona sobre cómo se han formado tus creencias basándote en esas personas a las que consideras más influyentes en tu vida. Al mismo tiempo, estas personas pueden contribuir conscientemente a tus creencias limitantes. Puede que te hayan disuadido de hacer algo para protegerte, cuando en realidad tenías las habilidades necesarias para lograr ese objetivo.

Presta atención a las frases limitantes que empiecen de la siguiente manera:

• No puedo...

• No puedo porque...

• Soy demasiado viejo...

• Necesito hacer X antes de poder...

• No soy lo suficientemente bueno...

• No es realista...

- Todos los demás son...

- No me merezco...

- No tengo tiempo para...

- La gente pensará...

Además, también deberías prestar atención a las siguientes creencias limitantes que suelen surgir con el apego ansioso:

- Yo solo no me basto.

- Al final, la gente siempre me abandona o me traiciona.

- No me quieren de verdad; sólo lo dicen.

- Si me conocieran realmente, no se preocuparían por mí.

- Si no estamos siempre cerca, nos estamos alejando.

- El silencio o el espacio significan que están perdiendo interés.

- Su aprobación es necesaria para mi felicidad.

- Cualquier pequeño cambio podría significar que la relación está en peligro.

- Debo hacer todo lo posible para que no se vayan.

- Ser independiente los alejará.

- Mis sentimientos no son tan importantes como lo es mantener la paz.

- Debería anteponer siempre sus necesidades a las mías.

Esta autoconciencia respecto a tus creencias limitantes es el primer paso para cambiarlas.

Cambia tus creencias, cambia tu vida

Independientemente de lo que creas en este momento, tus creencias no son estáticas y pueden cambiar. El cuerpo toma información del entorno y envía mensajes al cerebro a través de nuestros sentidos. Dentro del cerebro, estos mensajes sensoriales se filtran a medida que se mueven a través de las sinapsis y se dirigen a un área de procesamiento superior.

Son nuestras creencias las que determinan qué información llega al área de procesamiento superior. Al modificar tus pensamientos, puedes recibir información sensorial diferente que abra tu mente a nuevas oportunidades (Rao et al., 2009).

No se trata sólo de que tus creencias puedan frenarte. Cuando tus creencias pueden influir en la forma en que interpretas los acontecimientos, tus sentimientos y tus acciones, existe el riesgo de que se produzcan profecías autocumplidas. Se trata de la creencia de que algo sucederá, lo que genera que tus acciones hagan que se produzca el resultado esperado.

Digamos que esperas que tu relación vaya mal, así que empiezas a esforzarte menos en ella. Sin embargo, todas las relaciones requieren esfuerzo, y sin tu esfuerzo, la relación acabará inevitablemente.

Considera si alguna de estas creencias limitantes y posibles comportamientos se relacionan con tu vida:

- Te sientes impotente, así que dejas de defenderte.

- No crees que tus opiniones merezcan ser escuchadas, así que no te expresas en tu defensa.

- Sientes que todo tiene que ser perfecto, así que te atascas procrastinando.

- Te sientes inútil, por lo que te pones a la defensiva.

- No crees que puedas manejar los conflictos, así que cedes ante los demás.

Éstos son sólo algunos ejemplos, y aunque te sientas identificado con ellos, es necesario que, también, identifiques con precisión tus creencias autolimitantes para poder cambiar tus patrones de pensamiento. Empieza por anotar todos los pensamientos negativos que tengas y que impidan tu crecimiento personal.

A continuación, responde estas seis preguntas:

- ¿Por qué crees esto?

- ¿Cuándo empezaste a creer esto?

- ¿De dónde procede esta creencia? ¿Fue algo que te has dicho a ti mismo o algo que te han dicho otros?

- ¿Quién en tu vida tiene la misma creencia?

- ¿Qué ocurrió específicamente para que creyeras esto? ¿Qué podría ocurrir si lograras cambiar esta creencia?

- ¿Cómo te hace sentir esta creencia? ¿Cómo afecta a tu vida?

Las preguntas requieren una reflexión profunda para que puedas comprender hasta qué punto tus creencias limitantes han afectado tu vida.

Sin embargo, no puedes centrarte sólo en los momentos en los que pensabas que estas creencias eran ciertas. Si tu creencia es que no sabes manejar los conflictos y sólo reflexionas sobre los momentos en que los conflictos no terminaron bien, vas a reafirmar tu creencia. Reflexiona también sobre los momentos en que tus pensamientos no resultaron ser ciertos.

Esta reflexión profunda te brinda la oportunidad de buscar las pruebas que apoyan y contrastan tus pensamientos limitantes, que es la piedra angular para desafiar cualquier tipo de pensamiento negativo. Una vez que puedas encontrar este equilibrio que refleja tus emociones y comportamientos, tendrás las bases para establecer una nueva creencia y, por lo tanto, nuevos comportamientos.

Si nos referimos a la misma creencia de no ser capaces de manejar los conflictos, hay varias formas de reformularla para que sirva a un propósito mejor.

Puedes resaltar tus áreas de posible mejora, pero reconocer lo que haces bien: "Todavía no soy bueno gestionando completamente mis emociones, pero puedo expresar mis necesidades". Fíjate en el uso de la palabra "todavía"; al añadir esta palabra, estás afirmando que hay margen de mejora.

Alternativamente, puedes plantearlo como una comparación entre tú en el pasado y tú en el futuro. "En el pasado, no sabía manejar los conflictos, pero estoy trabajando en ello y estoy mejorando". O puedes elegir una afirmación más positiva como "Soy bueno lidiando con los conflictos".

Una vez que hayas reformulado los pensamientos que rodean a tu creencia limitante, es hora de desarrollar buenos hábitos, acciones y comportamientos que refuercen la nueva creencia.

Si solías pensar que no eras suficiente por ti mismo, ahora es el momento de empezar a salir de tu zona de confort y hacer más cosas por ti mismo, aunque eso signifique empezar con un paseo solo alrededor de la manzana. Si ahora te dices a ti mismo que vas a dar prioridad a tus necesidades para tener lo necesario para alcanzar tus objetivos, es esencial que te dediques tiempo a ti mismo.

Aun así, eso no quiere decir que tus creencias limitantes no vuelvan de vez en cuando. Cuando esto ocurra, no seas demasiado duro contigo mismo. Pero debes tener el poder de detener el pensamiento en el momento antes de que se intensifique. Recuérdate a ti mismo las pruebas en contra de este pensamiento y los progresos recientes que has hecho para apoyar aún más tu nueva creencia.

Asegúrate de que tus creencias estén alineadas con tus valores

Encontrar tu camino en la vida y tomar grandes decisiones requiere una comprensión clara de tus creencias, pero tus creencias tienen que coincidir con tus valores. Tus valores ayudan a determinar el porqué de tu comportamiento y tus acciones. Se trata de un fenómeno psicológico conocido como disonancia cognitiva. Imaginemos que has desarrollado la creencia de que eres digno de respeto, que es un valor fundamental para ti, pero luego no actúas de una forma que requiera que la gente te respete. Esto puede provocar malestar debido a una batalla interna, e incluso puedes encontrarte evitando esta disonancia.

Los valores son naturalmente diferentes para cada persona. Algunas personas valorarán la familia, las amistades o sus carreras por encima de cosas como el perdón o el humor. Otras encuentran el disfrute, la creatividad o la espiritualidad por encima de las finanzas, la fama o la belleza. Trabaja con las siguientes preguntas para comprender mejor tus valores fundamentales:

- ¿A quién admiras y por qué?

- ¿Cómo defines los valores de estas personas?

- ¿Qué te inspira a pasar a la acción?

- ¿En qué situaciones estás dispuesto a asumir riesgos?

- ¿Con quién puedes ser tú auténticamente?

- Cuando eres tu yo auténtico, ¿qué te gusta hacer que refleje los valores que admiras en los demás?

- ¿Cómo puedes incorporar estos valores a tu vida cotidiana?

Para inspirarte un poco más, considera las formas en que estos valores pueden ayudarte en tu desarrollo personal:

- **Bienestar:** Cuando crees que tus necesidades físicas y mentales deben ser una prioridad, es más probable que practiques la cantidad adecuada de ejercicio, sigas una dieta equilibrada y practiques otros hábitos saludables.

- **Libertad:** Tienes derecho a ser libre y a actuar con independencia, pero también tienes derecho a la autoexpresión y al librepensamiento, lo que te permite abrirte a los demás.

- **Empoderamiento:** Este valor es esencial para creer en ti mismo, encontrar tu fuerza interior y tomar decisiones con confianza. Es lo que te motiva a asumir riesgos y a salir de tu zona de confort.

- **Honestidad:** Ser honesto sobre tus defectos y tus puntos fuertes te ayudará a mostrar tu lado vulnerable y a entablar conexiones genuinas.

Al llegar al final de este capítulo, está claro que mirar hacia dentro y reflexionar sobre quién eres como individuo no es sólo el primer paso para superar tu apego ansioso. Se trata de llegar a conocer tu verdadero yo y la dirección que quieres tomar en la vida. Eso no quiere decir que nos vayamos al otro extremo del apego ansioso y desarrollemos una actitud en la que todo gira en torno a ti y en la que no necesitas a los demás en tu vida.

El objetivo de la autoconciencia es verte como una persona completa y capaz, aceptando lo bueno y lo no tan bueno y alineando luego tus creencias y valores para que tus acciones y comportamientos te lleven hacia la persona que quieres ser. Tu valía no la definen las personas de tu vida ni las relaciones que tienes, y las relaciones que tienes no pueden estar ahí para "completarte".

Como te prometí, aquí tienes algunas sugerencias para tu diario que seguirán ayudándote a aumentar tu autoconciencia:

- ¿Cómo te describirías ante un desconocido?

- ¿Cuáles son las tres cosas más importantes de tu vida en este momento?

- Describe un día fantástico que hayas tenido recientemente.

- ¿Cuál es una situación que podrías haber manejado mejor recientemente?

- ¿Tus comportamientos proceden de impulsos, emociones o de un proceso de pensamiento?

- ¿Tu trabajo se alinea con tus valores y creencias?

- ¿Qué sueños tenías de adolescente que has dejado atrás?

- ¿Cuáles son los aspectos positivos de tu salud en este momento? ¿Qué necesitas cambiar?

- ¿Qué es lo que lamentarías en el futuro si no lo haces ahora?

- ¿Quién resalta tus mejores cualidades?

- Si pudieras volver a la escuela, ¿qué te gustaría aprender?

- ¿Cuándo fue la última vez que la vida te sorprendió gratamente?

Cuando utilices estas sugerencias para el diario, junto con otras del libro, intenta que sea una práctica habitual. Las creencias y valores de muchas personas pueden cambiar con el tiempo. Mantener la autoconciencia te permitirá reconocer y responder eficazmente a estos cambios.

Con esta nueva comprensión de quién eres, estarás en una mejor posición y te sentirás más seguro mentalmente para empezar a trabajar en los pensamientos ansiosos que están afectando a tus relaciones y a tu bienestar general.

PASO 5: CALMAR LA MENTE

La paz proviene de adentro. No la busques afuera.

— *SIDDHĀRTHA GAUTAMA*

Hace algunos años, me encontré persiguiendo algo, pero no podía precisar qué era. No era nada tangible, y no quería más de nada. De hecho, era todo lo contrario.

Perseguía la idea de menos estrés, menos prisas, menos parloteo mental. Cada mañana me decía que ése sería el día en que encontraría la paz que tanto necesitaba. Pero nunca llegaba.

Como dijo el gran Buda, la paz que todos buscamos no procede de los aspectos externos de nuestra vida. Tener 30 minutos de tiempo libre es estupendo, pero si no puedes aquietar tu mente, no encontrarás la paz.

En el capítulo anterior, hablamos de cómo podemos cambiar los pensamientos que surgen de nuestras creencias limitantes. Sin embargo, esto puede no ser suficiente cuando un solo pensamiento se convierte en una espiral de pensamientos excesivos.

Enredos de pensamientos

Nuestros cerebros tienen la asombrosa capacidad de producir pensamientos complejos que nos permiten tomar decisiones, resolver problemas, procesar información y conectarnos dentro de la sociedad. No cabe duda de que pensar es crucial y, en general, útil. Los miles de millones de neuronas del cerebro que crean billones de sinapsis, trabajan a la velocidad del rayo para crear nuestros pensamientos. Con una velocidad de 300 millas por hora, tu cerebro produce aproximadamente 70.000 pensamientos cada día (Cleveland Clinic, s.f.).

Aunque esto pueda parecer agotador, muchos de estos pensamientos son triviales. ¿Preparo una taza de café o me ducho primero? ¿Qué me pongo? ¿Tengo las llaves?

Este tipo de pensamientos no requieren necesariamente mucha energía cerebral. Sin embargo, el problema surge cuando pensar se convierte en sobrepensar, el acto de pensar en algo, a menudo de forma repetitiva, que no nos lleva a conseguir nada o no nos resulta útil.

Diferentes estudios han arrojado diferentes cifras, pero en general se cree que alrededor del 90 por ciento de todos nuestros pensamientos son repetitivos, y alrededor del 80 por ciento de nuestros pensamientos son negativos. Esto es lo que hace que pensar demasiado sea tan agotador. Es fácil caer en la "parálisis por análisis", en la que el pensamiento continuo te lleva casi a quedarte congelado con un pensamiento o problema concreto.

Hay dos tipos de pensamiento excesivo. La rumiación, consiste en quedarse atrapado en pensamientos sobre el pasado y el presente. Es cuando la mente no se desprende de remordimientos, resentimientos, errores cometidos y situaciones que te hacen sentir vergüenza o pudor. Cuando piensas demasiado en el presente, tu cerebro no deja de sobreanalizar tus circunstancias y relaciones.

El tipo de pensamiento excesivo que afecta al futuro se clasifica como preocupación. La preocupación a corto plazo puede referirse a un evento próximo de tu pareja o a algo que tengas que hacer y que te cause ansiedad, mientras que la preocupación a largo plazo puede referirse al futuro de tu relación o a si alguna vez podrás experimentar la verdadera felicidad con esa persona.

Si padecse del tipo de apego ansioso, no sólo temes el final de tu relación o ser abandonado, sino que también repites obsesivamente este pensamiento. Esto hace que analices en exceso cada conversación y acción entre tu pareja y tú. Algo que normalmente tendría una respuesta sencilla se vuelve increíblemente complicado. Puede que hayas experimentado pensar demasiado en algo hasta el punto de perder el contacto con lo que realmente ocurrió.

Esto es algo que tu pareja u otras personas significativas en tu vida no podrán comprender del todo.

En algún momento, todo el mundo tendrá dudas sobre su relación, pero muchos pueden apreciar que no ven las cosas con claridad o que están magnificando un problema. Como no son sobrepensadores, no pueden imaginarse que ese único pensamiento se repita una y otra vez en la mente, incluso cientos y miles de veces en un solo día.

No hace falta decir que pensar demasiado sólo alimenta el ya de por sí difícil ciclo de negatividad en una relación. Sammy ama a su marido y a sus hijos, tiene una carrera de alto nivel y es el tipo de persona que necesita tiempo a solas. Pero, Jacob, su marido, no lo ve como un tiempo de descanso. Lo ve como una excusa para no estar a su lado, y esto frustra a Sammy, provocando falta de comunicación y más discusiones, que sólo alimentan las inseguridades de Jacob. Como Jacob piensa demasiado, no puede liberarse de sus patrones de pensamiento, por lo que la relación se estanca en este ciclo.

Marca las siguientes opciones que se apliquen a tu caso:

• No puedo dejar de preocuparme por cosas que están fuera de mi control.

• Me cuesta relajarme.

• Me cuesta dormirme porque pienso demasiado.

• Me despierto por la noche y me pongo a pensar.

• Tiendo a pensar en el peor de los casos.

• Me cuestiono mis decisiones.

• Reproduzco conversaciones y situaciones en mi mente.

- Revivo momentos embarazosos.

- Me pregunto mucho "y si...".

- Cuando me replanteo las conversaciones, a menudo pienso en lo que me gustaría haber dicho o hecho.

- Busco un significado oculto en todo.

- Si alguien dice o hace algo que no me gusta, le doy vueltas.

- Me fijo en los errores que he cometido.

- Me pierdo muchas oportunidades de disfrutar momentos presentes.

Antes de seguir adelante, tómate otro momento para considerar cuándo alguno de estos patrones de pensamiento te ha sido útil.

Pensar demasiado no está sólo en la mente

Hemos visto los efectos del estrés en el cuerpo, y pensar demasiado puede provocar muchos de los mismos problemas, especialmente en lo que se refiere a la salud de tu corazón.

Pensar demasiado puede aumentar la presión arterial y los niveles de colesterol, así como el riesgo añadido de hábitos poco saludables como comer y beber en exceso y fumar, todo lo cual aumenta el riesgo de padecer enfermedades cardiacas, derrames cerebrales o un ataque al corazón.

El cortisol liberado debido al exceso de pensamientos y el estrés puede debilitar el sistema inmunitario. No se trata sólo de los constantes casos de tos, resfriados y gripe. Un sistema inmunitario débil puede provocar más alergias, infecciones y enfermedades.

El cerebro no sólo se limita a pensar en exceso durante el día. Si tienes la costumbre de despertarte por la noche y no puedes apagar tus pensamientos, al día siguiente te sentirás cansado, irritable y menos productivo. Esto afectará a tu capacidad de trabajo y hará que te resulte más difícil encontrar la energía para hacer ejercicio. Combinado con los hábitos poco saludables mencionados anteriormente, puede que te encuentres ganando peso, lo que no ayudará a tus inseguridades en una relación.

Pensar demasiado puede tener efectos negativos en el aparato digestivo. Algunas personas pueden sufrir una supresión del apetito, y el cuerpo no recibirá los nutrientes necesarios para que los órganos y sistemas lleven a cabo sus funciones. Además, pensar demasiado reduce el flujo sanguíneo al estómago, lo que reduce el oxígeno. El estrés del aparato digestivo puede provocar una enfermedad inflamatoria intestinal (EII) o el síndrome del intestino irritable (SII) (Gupta, 2022).

Por si tu salud física no fuera suficiente, pensar demasiado puede tener graves consecuencias en tu salud mental. Es un poco el enigma del huevo y la gallina. El estrés y la ansiedad llevan a pensar en exceso, pero al mismo tiempo, pensar en exceso puede aumentar el estrés y la ansiedad. Pensar en exceso no es un trastorno mental reconocido, pero se ha relacionado con enfermedades mentales, como la depresión, los trastornos de ansiedad, el trastorno obsesivo-compulsivo y el trastorno de estrés postraumático (Witmer, 2023).

No hace falta decir que alguien con un apego ansioso va a pensar demasiado en todos los aspectos de una relación. Hemos hablado de sospechar desde tu punto de vista, pero ¿has pensado alguna vez lo que tus dudas hacen sentir al otro? Cada vez que los acusas de hacer algo de lo que no son culpables, estás cuestionando su carácter y su moral. Una persona sólo puede aguantar esto hasta cierto punto, sobre todo si siempre intenta hacerlo lo mejor posible.

La realidad es que tus pensamientos exagerados te han llevado a la paranoia. No es justo suponer que el apego ansioso sólo provoca miedo a la infidelidad. Esta paranoia puede extenderse a enfermedades, accidentes, desastres naturales o cualquier acontecimiento que pueda hacer que te quedes solo. Dependiendo de tu pareja, puede acabar cambiando y dejando de hacer las cosas que le gustan en un esfuerzo por mantenerte tranquilo, pero como esto no ocurre, empieza a renegar de los cambios que hizo.

Si intentas constantemente ver las cosas desde su punto de vista, es difícil manejar el apego ansioso cuando las emociones están por todas partes, y tu pareja no está segura de qué extremo esperar de ti.

Como pensar demasiado no resuelve ningún problema, no avanzarás en tu relación. Es más probable que tu exceso de pensamiento provoque más problemas. Sin querer, estás estancado en una trampa en la que sólo ves problemas, haciendo que tu pareja se sienta abrumada por algo que lo más probable es que ni siquiera exista. Eso no quiere decir que los problemas no sean reales para ti.

¿Recuerdas la analogía de los cortes con papel? ¡Pensar demasiado es lo mismo! Cada vez que piensas en exceso es otro corte con papel que se suma a la ansiedad de tu relación, matándola lentamente. Absorbe toda la felicidad que ambos podrían tener, y lo peor es la profecía autocumplida: la otra persona llega a un punto en el que ya no puede soportarlo, y empieza a buscar formas de poner fin a la relación.

No todo es malo. Reconocer tus pensamientos exagerados y comprenderlos mejor significa que puedes dar los siguientes pasos para asegurarte de que no te quedas solo sobreanalizando cómo tus pensamientos exagerados acabaron con una relación. Antes de averiguar cómo evitarlo, tenemos que aclarar la diferencia entre patrones de pensamiento productivos e improductivos.

¿Es productivo tu exceso de pensamiento?

Acabamos de dedicar un capítulo entero a la autoconciencia, que requiere pensar muchísimo. Entonces, ¿no se trata de otro caso de exceso de pensamiento? La diferencia entre pensar demasiado y la autorreflexión es que la autorreflexión es productiva. Lo que piensas da paso al aprendizaje y al crecimiento personal.

No es el tiempo o la energía que dedicas a tus pensamientos lo que determina el exceso de pensamiento. Puedes pasar 10 minutos pensando en algo o 10 horas; la cuestión siempre será si ese tiempo que pasas ha conducido a un resultado positivo: ¿ha resuelto un problema?

Una de mis frustraciones diarias es decidir qué preparar para cenar, ¡y a menudo es algo en lo que empiezo a pensar justo después de comer!

En primer lugar, tengo que tener en cuenta las comidas que han tenido los niños en el colegio para que sea algo diferente y, por supuesto, debe diferir de la cena de la noche anterior. También tengo que pensar en que los niños son quisquillosos y en que todos van a querer algo que les guste, y entonces, con un poco de suerte, puedo encontrar algunos ingredientes que cumplan todos los requisitos.

El pensamiento de la cena puede aparecer en mi cabeza una vez cada hora y durar 5 minutos. Pensar demasiado significaría que cada vez que me planteo qué hacer para cenar, me quedo atascado preguntándome por qué mi familia no puede ser menos quisquillosa y comerse lo que tienen delante o deseando haber comprado pollo en vez de pescado. Nada es constructivo ni me ayuda a resolver el problema.

Por otra parte, si cada vez que me viene a la cabeza el pensamiento de la cena puedo resolver uno de mis miniproblemas para ayudar a responder a la pregunta original, sé que estoy haciendo un uso productivo de mi tiempo para pensar.

En el contexto de las relaciones ansiosas, pensar demasiado te impide resolver los problemas de forma constructiva. ¿Qué consigues cuando te dices constantemente que acabarás envejeciendo solo? ¿Qué podrías conseguir si dedicaras ese tiempo a superar tu apego ansioso?

La siguiente pregunta es potencialmente bastante aterradora, pero te abrirá los ojos. Piensa en cuántas horas pasaste pensando demasiado la semana pasada. Digamos que una hora al día. Son 7 horas que no sólo has perdido, sino que además has perdido tiempo y energía, aumentando tu estrés y tu ansiedad. Es más probable que tus pensamientos excesivos te ocuparan un par de horas diarias. Eso son más de 700 horas al año a las que podrías dar un uso mucho mejor.

La próxima vez que te encuentres atrapado en tu mente, hazte las siguientes preguntas para comprender si estás resolviendo un problema o pensando demasiado:

- ¿Existe una solución para este problema? Si no hay solución o está fuera de tu control, puede que estés atascado en ilusiones.

- ¿Te centras en el problema o buscas activamente una solución? La solución al apego ansioso no va a venir de tu pareja; tiene que venir de ti. Centrarte en tu pareja es centrarte en el problema (cómo ves sus emociones y comportamientos), no en la solución (cómo vas a manejar tu ansiedad).

- ¿Qué estás consiguiendo con este pensamiento? Si estás pensando en una conversación que has tenido con tu pareja, ¿estás repitiendo las mismas palabras y emociones, o esto te ha dado la oportunidad de ver las cosas desde su perspectiva y aprender algo?

Si descubres que tu pensamiento te conduce a respuestas y soluciones, ¡es estupendo! Si no, ¡es hora de pasar a calmar esa mente tormentosa!

Encontrar la calma

Puede que llegado este punto estés pensando que estoy un poco obsesionado con esta analogía del corte de papel, pero me abrió los ojos y la mente a muchas cosas. El primer corte de papel duele, pero mientras te centras en el dolor del primer corte, es fácil pasar por alto el segundo. Los pensamientos son muy parecidos.

Puede que te des cuenta de ese primer pensamiento, pero como estás tan concentrado, no reconoces que el pensamiento original se ha convertido en una espiral de pensamientos excesivos. Para dejar de pensar en exceso, tienes que reconocer que estás atrapado en la trampa.

Paso 1: Identifica el pensamiento excesivo

La mente está muy ocupada, así que no se trata sólo de detener al cerebro cuando te encuentras atrapado en los mismos patrones de pensamiento. Por experiencia personal, lo mejor es centrarse en la reacción física que tiene tu cuerpo cuando empiezas a pensar demasiado. ¿Cómo es la tensión en tu cuerpo? ¿Sientes ese peso que te presiona? ¿Te sorprende la repentina necesidad de obtener más oxígeno?

Me siento bendecido por poder escribir libros, no sólo por la conexión con los demás, sino porque me dio la oportunidad de detectar los pensamientos excesivos. Con las conexiones personales, era más fácil estar en el presente, pero a solas con mi computadora, notaba momentos en los que culpaba al "bloqueo del escritor", pero en realidad, un pensamiento me distraía, y entonces mi pensamiento excesivo se apoderaba de mí. Presta atención a esos momentos en los que estás más distraído, porque son los momentos en los que se cuela el pensamiento excesivo.

Quienes te dicen que dejes de pensar en exceso sólo intentan ayudarte, pero sabemos que no es tan fácil. Al mismo tiempo, la forma de dejar de pensar también puede depender de tu personalidad.

Una técnica consiste en visualizar una señal de PARE. Al igual que cuando conduces, puedes estar en la carretera durante kilómetros, pero esa señal de PARE es una advertencia automática de peligro. Sin embargo, también comprendo que, para algunos, esta visualización puede no ser suficiente, o incluso puede provocar que se piense más de la cuenta. Después de todo, ¿cuál es el peligro de visualizar la señal de PARE?

Colocarte una goma elástica en la muñeca también tiene pros y contras. Darte un golpecito con una goma elástica en la muñeca es, literalmente, como sacarte de tus pensamientos y devolverte a la realidad. Esencialmente, es un dolor autoinfligido para romper un ciclo de comportamiento no deseado.

La goma elástica es un tipo de terapia de aversión o una distracción del problema inicial. No puede utilizarse para sustituir a los pensamientos excesivos, por lo que, al igual que con las emociones, sigue siendo necesario procesar los pensamientos. En este sentido, no es algo que deba provocar ninguna forma de placer, porque podría conducir a autolesiones. La sacudida de la cinta elástica debe ser lo bastante fuerte como para darte una descarga, no para provocarte dolor ni alivio de otras formas de dolor.

Paso 2: Márcate un límite de tiempo

No puedo insistir en lo importante que es darte tiempo para procesar tus pensamientos, porque no van a desaparecer por arte de magia con sólo mover una banda elástica. Al mismo tiempo, no quieres caer en viejos hábitos y permitir que tus pensamientos excesivos se apoderen de todo tu día. Si no puedes tomarte tu tiempo cuando empiecen los pensamientos exagerados, comprométete a abordarlos en cuanto puedas.

Programa un temporizador de 10 o 15 minutos, y asegúrate de respetar este límite de tiempo. Debes saber que tienes este tiempo dedicado únicamente a tus pensamientos.

Un excelente ejercicio para este momento es lo que yo llamo la descarga del cerebro, en el que tomas un trozo de papel y escribes todo lo que te viene a la mente sin pararte a pensar en tu caligrafía, gramática u ortografía. Simplemente siente cómo todo sale de ti.

Este ejercicio puede sorprenderte y, al final, puede que tu trabajo contenga algunos pensamientos que estaban en lo más profundo del subconsciente y que no habías tenido en cuenta.

Esta información adicional te preparará aún más para el Paso 3.

Paso 3: Busca la productividad

Este paso implica cambiar tu perspectiva y cuestionar el pensamiento original para encontrar un enfoque más realista. Puede que temas que vas a estar solo para siempre, y esto se deriva de las inseguridades de tu relación, pero tu pareja no te ha abandonado.

Al contrario, puede que esté atascado en sus propios patrones de pensamiento excesivo, intentando encontrar formas de ayudarte. Y aquí es donde tu apego ansioso tiene ventaja.

Debido a tus altos niveles de empatía y comprensión, sabes exactamente lo que es pensar demasiado. Con esta perspectiva, ahora puedes ver que el problema no es que tu pareja vaya a dejarte. Más bien, es que necesita ayuda para comprenderte.

Afortunadamente, existe una solución. Éste es sólo un ejemplo, pero puedes ver cómo has convertido el exceso de pensamiento en una solución productiva del problema.

Paso 4: Recompénsate

Hay dos razones para recompensarte por respetar el límite de tiempo. La primera, que es muy importante, es que has controlado tu pensamiento excesivo. En segundo lugar, le dice al cerebro que el pensamiento excesivo ha terminado y le anima a seguir adelante en lugar de seguir pensando en exceso.

De nuevo, creo que cambiar físicamente el entorno ayuda. Así que quizás podrías simplemente alejarte, prepararte una bebida, leer unas páginas de un libro o escuchar tu canción favorita.

Paso 5: Sé productivo

A continuación, es hora de pasar a la acción. Ahora que el problema está claro, podrás determinar qué pasos tienes que dar para resolverlo. Roma no se construyó en un día, así que es probable que tengas que dividir la solución en pasos más pequeños y manejables para evitar sentirte abrumado.

En el caso de ayudar a tu pareja a comprender tus miedos, debes empezar con una comunicación abierta y honesta. Puede que necesites desglosar esto y empezar primero a trabajar en tu vulnerabilidad. A continuación, puede que quieras trabajar en tus habilidades de escucha activa para comprender realmente lo que te están diciendo, en lugar de dejar que tus miedos distorsionen su mensaje.

Es importante no dejar que los contratiempos interfieran en tu productividad. Sería difícil encontrar a alguien que haya vencido al pensamiento excesivo en el primer intento.

Debes seguir recompensándote, incluso por los pequeños pasos que des para no pensar demasiado y resolver los problemas de forma productiva.

¿Qué es la bondad amorosa?

Volvamos a la atención plena antes de responder a esta pregunta. La atención plena es una práctica ancestral impregnada de tradición budista, y actualmente hay una cantidad abrumadora de pruebas que avalan sus beneficios, tanto físicos como mentales, para personas de todas las edades y en todos los ámbitos de la vida, desde las escuelas hasta las prisiones.

La capacidad de utilizar tus sentidos para implicarte plenamente en el presente reduce el estrés y la tensión. Su práctica regular puede ayudar a combatir la ansiedad y la depresión, al tiempo que mejora el sueño y refuerza el sistema inmunitario. La atención plena mejora el enfoque y la concentración al permitirnos desconectar de las distracciones. Esto, a su vez, nos ayuda a tomar las decisiones correctas.

Emocionalmente, la atención plena puede cambiar la forma en que nos vemos a nosotros mismos y a los demás. Ayuda a asegurarnos de que nuestros valores están en consonancia con nuestro sentido del yo y a recuperar nuestra autoestima. Al mismo tiempo, fomenta la compasión hacia los demás y fortalece nuestras relaciones.

La meditación es un tipo de atención plena, y los estudios han demostrado que 8 semanas de meditación pueden cambiar físicamente la estructura del cerebro. Los investigadores descubrieron que las personas que participaron en el curso de Reducción del Estrés Basado en la Atención Plena y meditaron durante más de 22 minutos diarios, tenían las amígdalas notablemente más pequeñas, una zona del cerebro asociada con el estrés y el miedo (Mesa, 2023). Otro estudio indica que la meditación de bondad amorosa activa la empatía y mejora el procesamiento emocional en el cerebro (Hutcherson et al., 2014)

Aunque hay muchas formas de practicar la meditación, la meditación de bondad amorosa es especialmente beneficiosa para las personas con apego ansioso porque puede fomentar el amor propio, el perdón y la autoaceptación y aumentar las conexiones con los demás.

Antes de empezar una meditación de bondad amorosa, tienes que elegir unas cuantas frases breves, parecidas a afirmaciones positivas, que repetirás. Algunos ejemplos de frases tradicionales incluyen:

- Estoy a salvo y protegido.
- Elijo ser feliz en cada momento.
- Encuentro calma en mi interior.
- Me siento seguro y confiado.
- Disfruto de buena salud y bienestar.
- Me comunico con claridad y empatía.

- Atraigo alegría a mi vida cada día.

Comienza adoptando una postura cómoda, sentado o de pie, y puedes cerrar los ojos si te sientes más a gusto. Algunas personas prefieren visualizar a alguien que las ama sentándose junto a ellas. Lentamente, respira hondo unas cuantas veces para centrarte. Siente cómo se expande tu diafragma a medida que se eleva tu pecho, y lo contrario ocurre al exhalar.

A medida que tus músculos comiencen a relajarse, imagínate como una persona tranquila y completa. Ámate y acéptate por lo que eres. Siente cómo la tranquilidad entra con cada respiración a medida que exhalas tu estrés.

A continuación, repite tus frases y aprecia lentamente las palabras de cada una. Vuelve a centrarte en tu respiración mientras te acercas a los sentimientos que generan tus frases. Si sientes la necesidad, repite este patrón de frases y sigue respirando hasta que te sientas completamente reconfortado.

Ahora, convierte tus frases en mensajes de amor para los que te rodean. Difunde tu bondad y compasión mientras imaginas una mayor conexión entre ustedes. Puede que incluso quieras compartir estas frases con personas que te han hecho daño para comenzar a sentir el perdón.

Termina tu meditación con una ronda más de frases para ti, y tómate un momento de paz para disfrutar del amor propio que has generado.

Dosis diarias de paz: Ejercicios prácticos de atención plena

En lugar de terminar el capítulo con sugerencias para el diario, veremos las formas más sencillas de incorporar la atención plena en tu rutina diaria.

Recuerda que la atención plena no es lo mismo que la meditación, que requiere una práctica activa. La atención plena es un estado del ser, por lo que puedes incorporarla prácticamente a cualquier actividad que realices.

Algunas sugerencias incluyen:

- Alimentación consciente: En lugar de comer por comer, ve más despacio y presta atención a los olores, las texturas y los sabores de cada bocado, y luego decide conscientemente tragarte la comida. ¡No olvides centrarte en tus sentidos también cuando cocines!

- Conducción consciente: Tu viaje de un lugar a otro puede ser a menudo bastante automático. La próxima vez, concéntrate en los distintos sonidos que oyes dentro y fuera del coche. Fíjate en cómo se sienten bajo tus manos cosas como girar el volante y el cambio de marchas.

- Conciencia digital: Sé prudente a la hora de desplazarte sin pensar por las redes sociales. Pon límites a la tecnología, como no pasar tiempo frente a la pantalla mientras comes, y elimina las aplicaciones que no hagan un uso productivo de tu tiempo.

- **Pausas conscientes:** Utiliza tus pausas de forma eficaz. Tómate tiempo para respirar profundamente, aléjate de tu escritorio y haz algunos estiramientos para mejorar el flujo sanguíneo.

- **Caminar con conciencia:** Utiliza tus sentidos para implicarte plenamente en tu entorno, ya sea en un bosque, un parque urbano o incluso paseando por tu calle. Esfuérzate por detectar cosas en las que normalmente no repararías.

- **Movimiento consciente:** Cuando hagas ejercicio, ya sea yoga, natación o una clase de gimnasia, presta atención a cómo se siente tu cuerpo con cada movimiento, a los músculos que se flexionan e incluso a la sensación de los distintos equipos que utilizas.

- **Una tarea a la vez:** Que realices múltiples tareas a la vez no significa que hagas más cosas. De hecho, a menudo, ocurre lo contrario. Dedica tu mente y tus sentidos a una sola tarea a la vez, para dedicarte plenamente a ella.

- **Colorear con conciencia:** ¡Rara vez verás a un niño estresado coloreando! Experimenta con distintos materiales artísticos, como bolígrafos, crayones y tiza, o utiliza los dedos para pintar. Muchos encuentran relajante la simetría de los mandalas.

- **Limpieza consciente:** Hay una forma de hacer más agradable este mal necesario, simplemente reduciendo la velocidad y prestando atención a cómo las superficies tienen un aspecto diferente una vez limpias. También puedes observar la diferencia en el olor de una habitación o la sensación al doblar la ropa.

- Jardinería consciente: Si no estás cerca de parques o bosques, aprovecha tu jardín para enriquecer tus sentidos. No necesitas un espacio enorme. Incluso un patio con unas cuantas macetas puede ser suficiente para ensuciarte las manos y cultivar plantas coloridas y aromáticas.

Todas estas actividades de atención plena son sencillas y no requieren que dediques tiempo de más a ellas. Sin embargo, si quieres apreciar de verdad una mente en calma, tanto si eso implica ocuparte de los pensamientos excesivos como ser más consciente, este proceso debe ser continuo.

Incluso una vez que hayas superado tu apego ansioso, seguirá habiendo factores estresantes en tu vida y posiblemente momentos en los que se filtre el miedo. Seguir practicando las técnicas de este capítulo te ayudará a desarrollar resiliencia, ¡y a disfrutar más de la vida!

De cara al futuro, tener una mente más tranquila transformará tu forma de comunicarte con tu pareja y con otras personas a las que afecte tu apego ansioso. En el próximo capítulo, veremos qué hace falta para comunicarte con tu pareja a un nivel totalmente nuevo.

PASO 6: RELACIONES SÓLIDAS

Nacemos en una relación, somos heridos en una relación y podemos sanar en una relación.

— *HARVILLE HENDRIX*

Llega un momento en el que estás tan perdido en la oscuridad de una relación que es imposible ver cómo puedes salir de ese escenario y que esta relación sane. Puede que hayas pensado eso sobre tu situación y tu apego ansioso, pero tras explorar los pasos anteriores, ahora puedes ver la luz al final del túnel.

En este capítulo, descubriremos cómo la comunicación puede conducir a encontrar esa misma luz para tu relación.

Cómo te comunicas

La forma en que te comunicas refleja tu apego ansioso. En un intento de mantener la proximidad y aliviar parte de tu ansiedad, puede que te hayas dado cuenta de que caes en hábitos de comunicación poco saludables en los que no puedes expresar cómo te sientes de verdad.

Pero desde el punto de vista de tu pareja, cada vez que buscas reafirmación y una sensación de seguridad, puedes dar la impresión de estar regañándole y asfixiándole. Aunque tú lo veas como una simple petición de confirmación de que siguen queriéndote, ellos pueden sentirse asfixiados, lo que les hace sentir que están atrapados en una relación en la que sólo se les necesita para tu bienestar emocional.

Debido a distorsiones cognitivas como la catastrofización y el pensamiento en blanco y negro, puedes suponer que tu pareja no satisfará tus necesidades, lo que puede hacer que las retrases o ni siquiera te molestes en comunicarlas.

Debido a la ansiedad que te produce expresarte directamente, puede que te encuentres soltando indirectas sobre tus necesidades o asumiendo que los demás son conscientes de ellas.

Las experiencias pasadas pueden hacer que veas las cosas de forma diferente a como son en realidad, y cuando se juntan con la ansiedad, puede que te precipites. Esto también puede dar lugar a suposiciones injustas sobre tu pareja y a malentendidos si no puedes expresarte con claridad.

El problema es que las necesidades insatisfechas pueden provocar arrebatos explosivos y, por supuesto, ya te puedes imaginar lo que viene después: empiezas a entrar en pánico, lo que alimenta aún más tu ansiedad y tu miedo al abandono.

La reacción de tu pareja puede depender de su propio estilo de apego. Los que tienen un apego seguro, probablemente, satisfarán tus necesidades, hasta puede que incluso cuando no se las comuniques tan bien. El problema surge cuando tu pareja tiene un tipo de apego evitativo.

El apego evitativo significa que una persona tiene menos probabilidades de ser capaz de leer las necesidades de los demás y, por lo tanto, desestimar sus pensamientos y sentimientos. Evitarán la proximidad emocional e incluso apartarán a la gente para mantener las distancias. El apego evitativo y el ansioso son como el agua y el aceite.

Puedes intentar comunicarte con esta persona, pero va a ser extremadamente difícil que responda de la forma que necesitas.

¡Eso no significa que no debas intentarlo!

Mejor comunicación para una intimidad emocional más profunda

La intimidad emocional te permite conectar con alguien en los niveles más profundos. Puedes expresar todas tus emociones, mostrar tu vulnerabilidad y sentirte comprendido y validado en una relación. Es una calle de doble sentido. Por mucho que necesites abrirte sobre tus luchas y tus motivos de celebración, tienes que dejar que tu pareja haga lo mismo.

A menudo nos atascamos en la idea de que la intimidad física o sexual es crucial para las relaciones. Si bien esto es cierto, la intimidad sexual y la intimidad emocional están vinculadas.

Ya sea tomándose de la mano, abrazándose o manteniendo relaciones sexuales, estas conexiones pueden aumentar la intimidad emocional. La intimidad física sin intimidad emocional puede parecer vacía.

Independientemente del género, es la intimidad emocional lo que permite a las personas sentirse seguras y receptivas al sexo. Es lo que evita que estemos demasiado conscientes de nuestros cuerpos e incluso de nuestro desempeño.

Así es como se manifiesta la intimidad emocional:

- Hablar sobre lo que esperas de tu relación

- No te sientes solo ni desamparado

- Te sientes escuchado sin ser juzgado

- Compartir pensamientos privados en conversaciones significativas

- Hacerles saber cuándo estás angustiado y por qué

- Hay atención y preocupación mutuas y un interés genuino entre ambos

- Abrirse a experiencias difíciles y traumas pasados

- Hablar de tus esperanzas, sueños y deseos más profundos

- Pedir ayuda cuando la necesitas

- Estás presente en tus conversaciones y no te distraes con otras cosas que pasan

Por otra parte, si carecen de intimidad emocional, es posible que:

- Tengas miedo de compartir sentimientos vulnerables o momentos embarazosos

- Sientas que tu relación carece de profundidad y es superficial

- No te sientas visto ni escuchado

- Te quedas sin temas de conversación y/o las conversaciones son unilaterales

- Con frecuencia te sientas defraudado en la relación

- Te sientas solo, juzgado, criticado y no sepas a qué atenerte

- Estén físicamente juntos, pero se sientan desconectados

- Lleven vidas separadas

No te asustes si asentías con cada signo de falta de intimidad emocional e incluso envidiabas a aquellos cuya relación tiene una fuerte intimidad emocional. Aún pueden conseguirla, aunque estén atravesando los momentos más difíciles de su relación.

Sin embargo, tienes que ser tú la persona que salga de su zona de confort y dé los pasos necesarios para desarrollarla. Ni hace falta decir que esa vulnerabilidad va a ser la base de la intimidad emocional. Te permite abrirte, bajar la guardia y ponerte en una situación en la que podrías salir herido emocionalmente. Recuerda, ¡esto no implica necesariamente que te vayan a hacer daño!

La confianza lleva tiempo y se desarrollará junto con la intimidad emocional, siempre que trabajen en ello. Tienes que poder hablar de tus problemas de confianza, ya sean pasados o presentes, pero al mismo tiempo, tu pareja actual no es la misma que en relaciones pasadas, así que no es justo culparla por esos problemas.

Una buena pregunta que debes hacerte es si tus problemas de confianza se deben a una necesidad de control. Y dado que la intimidad emocional es bidireccional, también debes demostrar que eres digno de confianza, respetando los límites de la relación y cumpliendo tus compromisos. Para experimentar la alegría de la intimidad emocional, tienes que ser capaz de comunicarte. Lo dividiremos en dos secciones para que puedas apreciar el equilibrio entre hablar y escuchar.

Cómo escuchar de verdad a tu pareja

Es normal que no puedas ponerte la mano en el corazón y decir que siempre escuchas completamente a tu pareja o a otras personas. Es como si pudieras ver las palabras que salen de sus bocas, pero tu mente está llena de dudas e inseguridades.

No escuchar conlleva varios problemas. El más obvio es que no estás escuchando el mensaje real que intentan comunicarte, lo que dará lugar a malentendidos.

Otro problema es que no participarás plenamente en las conversaciones, y tu pareja puede interpretarlo como una señal de que no te interesa lo que tiene que decir. Por último, esto significa que no se sentirán respetados ni valorados.

Aquí tienes siete técnicas que puedes poner en práctica para mejorar tu capacidad de escucha activa.

Permanece en el presente

En lugar de dejar que tu mente piense en exceso y se preocupe, tienes que ser capaz de concentrarte en lo que dice la otra persona. Hemos visto cómo la atención plena implica prestar atención a tus sentidos para estar presente, pero cuando se trata de escuchar activamente, se trata de utilizar tus sentidos para centrarte en la otra persona: ¡el primero es el oído!

Evita todas las distracciones, y esto puede ser tan sencillo como poner el teléfono fuera de tu alcance o esperar a que los niños estén en la cama para mantener conversaciones importantes. También deben evitarse las distracciones mentales, como pensar en todas las cosas que tienes que hacer al día siguiente.

Observa las señales no verbales

El siguiente sentido a utilizar es la vista, que puedes combinar con el oído. Algunas señales no verbales serán físicas. Puedes notar los puños tensos, líneas de preocupación alrededor de los ojos o una postura encorvada si alguien carece de confianza o se siente derrotado. La velocidad y el tono del habla de una persona pueden indicar nerviosismo, ansiedad o excitación. Reflejar estas emociones demuestra que estás escuchando.

Tu lenguaje corporal debe ser abierto y no amenazador, ya que esto ayudará a tu interlocutor a sentirse seguro abriéndose a ti. Desplegar los brazos y descruzar las piernas son signos de apertura, mientras que inclinarte ligeramente hacia el interlocutor muestra que estás comprometido.

Mantén el contacto visual

El contacto visual es una señal de que estás presente y no distraído, pero hay que utilizarlo de la forma adecuada. Una mirada perdida puede dar a la otra persona la impresión de que estás perdido en tus propios pensamientos. Demasiado contacto visual puede parecer amenazador.

Cuando escuches, intenta mantener el contacto visual durante unos cuatro segundos antes de romperlo, y un buen equilibrio es mantener el contacto visual entre el 50 y el 70 por ciento del tiempo. Para que esto te resulte natural, será beneficioso que practiques primero la búsqueda de este equilibrio.

Haz preguntas abiertas

No hay mucho que escuchar cuando haces preguntas que conducen a una respuesta de sí o no. Existe el riesgo de quedarse sin conversación o, como mínimo, de no explorar un tema de conversación con la suficiente profundidad.

Imagina la diferencia entre "¿Eres feliz?" y "¿Qué te hace feliz en nuestra relación?".

Las preguntas abiertas no sólo te permiten descubrir cosas nuevas, sino que también demuestran a los demás que estás realmente interesado en saber más sobre ellos, sus pensamientos y sus sentimientos.

Refleja sus palabras

Esto implica resumir o parafrasear lo que han dicho otras personas, y puede ocurrir una de estas dos cosas Si has escuchado correctamente el mensaje, el orador sentirá que sus palabras, emociones e ideas son validadas y comprendidas.

Por otra parte, si no lo has entendido del todo, este reflejo les da la oportunidad de explicar lo que han dicho para que no te quedes haciendo suposiciones y luego actúes basándote en esas suposiciones. Algunos ejemplos son:

- "Noto que te sientes asfixiado cuando te envío demasiados mensajes".

- "Intuyo que estás enfadado porque no confié en ti".

- "¿Tengo razón al percibir tu frustración?"

Ten paciencia

Al igual que tú necesitas tiempo para ordenar tus pensamientos, los demás también lo necesitan. El silencio de unos segundos no tiene por qué ser incómodo. No es necesario precipitarse para llenar el silencio, ya que la otra persona puede interpretarlo como un signo de tu impaciencia. Utiliza estas pausas en tu beneficio, y en lugar de preparar lo que debes decir antes de escuchar, tómate un momento para practicar la empatía.

Abstente de juzgar

Sabes lo que es sentirse aterrorizado por lo que piensen los demás cuando intentas expresarte. Para ellos no es diferente. Nadie quiere sentir que lo juzgan o que lo perciben negativamente. La gente necesita sentir que está en una zona segura para comunicarse, sobre todo cuando intenta abrirse. Demuéstrales que no les estás juzgando, criticando, ni culpando, al reconocer estos patrones de pensamiento y sustituyéndolos por la expresión de tu empatía.

Aprender más sobre personas y culturas diferentes puede ayudarte a reducir tus prejuicios y estereotipos. No olvides que la escucha activa no es sólo una habilidad inestimable para las relaciones. Puede mejorar las conexiones con tus amigos, tus hijos, otros familiares y compañeros de trabajo, reforzando los vínculos existentes y desarrollando otros nuevos. También lo hará el estilo de comunicación adecuado, que trataremos a continuación.

Utilizar la comunicación no violenta

La comunicación no violenta, o CNV, fue desarrollada por Marshall Rosenberg en la década de 1960, y su objetivo inicial era ayudar a combatir la violencia en el centro de la ciudad natal de Rosenberg, Detroit (Gupta,

2023). Es una herramienta de comunicación inestimable que se centra en la escucha empática y en expresarse sin juzgar, culpar o estar a la defensiva.

Para las personas con un apego ansioso, la CNV puede reforzar las relaciones al fomentar una sensación de seguridad y comprensión.

Te permite expresar tus necesidades sin sentir que la otra persona va a rechazarlas, al tiempo que reduce los malentendidos y los posibles conflictos.

La CNV consta de cuatro partes. Empieza con observaciones, que se basan en hechos o pruebas y sin juicios. Por ejemplo:

- "Siempre ignoras mis mensajes".

- CNV: "Cuando no respondiste a mi mensaje...".

Luego, viene la expresión de tus sentimientos, pero de forma que demuestres que te responsabilizas de ellos y no culpas a la otra persona. Esto permite la empatía y una mayor conexión mediante la comprensión de tus emociones:

- "Me has hecho sentir fatal".

- NVC: "Me sentí preocupado y asustado".

La tercera parte de la CNV consiste en comunicar las necesidades de forma clara y concisa. La forma en que expreses tus necesidades debe ser tal que no parezca que culpas o criticas a nadie:

- "¿Cómo puedes no pensar en lo que estoy pasando?"

- NVC: "Necesito sentirme seguro".

Por último, comunicarías tu petición, que debe ser algo factible. Para reducir las posibilidades de falta de comunicación, sé lo más específico posible.

También deben expresarse de forma que no parezca que planteas exigencias injustas.

- "Tienes que devolverme el mensaje enseguida".

- CNV: "La próxima vez, ¿podrías enviarme un mensaje para avisarme si vas a estar lejos del teléfono durante un tiempo?"

Veamos otras situaciones en las que la CNV podría ayudarte a transmitir tus sentimientos y necesidades de forma saludable.

Escenario nº 1: Necesitas seguridad emocional

Quieres poder hablar de tus sentimientos y necesidades, pero tienes miedo de parecer necesitado o meloso. Es como si la comunicación y las afirmaciones verbales hubieran pasado a un segundo plano.

"Cuando no hablamos de nuestros sentimientos y reafirmamos nuestra relación, me siento inseguro porque necesito sentirme valorado y querido. ¿Podemos dedicar algo de tiempo a hablar de cómo nos sentimos los dos y de cómo nos apreciamos mutuamente?"

Escenario nº 2: Comportamiento incoherente

De vez en cuando, tu pareja cancela los planes en el último momento, y esto te deja en un lugar de imprevisibilidad y mayor ansiedad, sin saber qué esperar.

"Cuando nuestros planes cambian a último minuto, me siento muy intranquilo porque necesito previsibilidad y estabilidad. ¿Podemos asegurarnos de que cualquier cambio de planes se comunique lo antes posible?"

Escenario nº 3: Falta de comunicación

Tu pareja no expresa sus sentimientos, y acabas sintiéndote inseguro sobre cuál es tu posición en la relación.

"Cuando no compartimos lo que sentimos el uno por el otro, me siento angustiado porque no siempre comprendo tus necesidades. Este fin de semana, ¿podríamos tener una cita tranquila para que podamos hablar como es debido?"

Escenario nº 4: Sentirse poco importante

Tu pareja parece distraída, perdida en el trabajo o que pasa mucho tiempo al teléfono. Te sientes como si fueras una tarea más de la que tiene que ocuparse e incluso indigno de su atención.

"A veces pareces distraído cuando estamos hablando, y me siento rechazado porque necesito sentir que soy digno de ser visto y escuchado en nuestra relación. ¿Podríamos dejar los teléfonos a un lado para ciertas conversaciones?"

Independientemente de la situación que quieras abordar, cíñete a la fórmula de observación, sentimiento, necesidad y petición. Puede que al principio necesites practicar lo que quieres decir antes de utilizar la CNV, pero al cabo de un tiempo, esta forma de comunicación se convertirá en algo natural.

Desarrollar la honestidad emocional

Lo más probable es que te esfuerces por ser una persona honesta, especialmente en las relaciones, pero ¿puedes decir que eres emocionalmente honesto? Como puedes imaginar, la honestidad emocional consiste en ser abierto sobre tus verdaderos sentimientos con los demás y contigo mismo. Y no es tan fácil como parece. En muchos sentidos, nuestros miedos obstaculizan nuestra honestidad emocional.

Puede remontarse incluso más atrás, a tu infancia, cuando veías a tus cuidadores ocultar sus sentimientos. En algunas situaciones, expresar determinadas emociones, sobre todo las consideradas negativas, habría conllevado un castigo.

De niño, es natural que no sepas cómo expresar la ira o incluso la tristeza de forma saludable. Esto puede hacer que los adultos se sientan frustrados por los arrebatos, lo que puede llevar a reprimir las emociones y a tener miedo a ser vulnerable.

Si no se hace nada para corregirlo, pueden aparecer los mismos hábitos en las relaciones adultas. Puede dar miedo dejar que los demás sepan cómo nos sentimos por si no validan esos sentimientos o, peor aún, te ridiculizan por ellos.

Puede que lo hayas experimentado al intentar hablar de tus ansiedades en una relación y que tu pareja te haya dicho que estabas siendo dramático o exagerando. A su vez, esto puede animarte a empezar a ocultar tus sentimientos.

Por otra parte, tus razones para la deshonestidad emocional pueden derivarse del deseo de proteger a los demás. No admitir lo que sientes puede ser una forma de evitar la confrontación o los conflictos acalorados. Puedes temer que tus verdaderos sentimientos te hagan parecer más necesitado o empalagoso.

Por desgracia, tus intentos de proteger a tu pareja, o incluso otro tipo de relaciones, pueden resultar contraproducentes en dos sentidos. En primer lugar, tu pareja nunca sabrá lo que sientes, así que ¿cómo puede satisfacer tus necesidades emocionales o incluso físicas si no sabe a qué atenerse? En segundo lugar, no estás siendo tú auténticamente, y sin esto es casi imposible encontrar la verdadera felicidad en las relaciones.

La deshonestidad emocional en cualquier relación hará que las personas sientan que no se les escucha. Uno o ambos se sentirán defraudados, sentirán que les faltan el respeto o se sentirán constantemente atacados, y eso sin añadir el apego ansioso a la mezcla. Sin saber cómo se siente el otro, habrá malentendidos que desembocarán en conflictos. Las discusiones y los conflictos son la causa del 55% de los fracasos matrimoniales. Aunque sólo por una fracción, este porcentaje sigue siendo ligeramente superior al que se atribuye a la infidelidad (Gillette, 2022).

La honestidad emocional permite alcanzar una intimidad más profunda y tal vez incluso a un nivel que no habías podido experimentar antes. Al practicarla reduces el resentimiento, ya que eres capaz de soltar las emociones que de otro modo estarían reprimidas. Además, te permites disfrutar de la paciencia y el amor a través de conversaciones significativas que ya no están cargadas de tensión.

La honestidad emocional es algo que se puede aprender, y esto empieza con la seguridad emocional. Si no te sientes seguro en una situación, es imposible que empieces por ser vulnerable y te abras a tus verdaderos sentimientos. Para comprender mejor la seguridad, es hora de habla del nervio vago.

El Dr. Stephen Porges, padre de la Teoría Polivagal (Porges, 2022), determinó que la mente subconsciente analiza constantemente los entornos, buscando seguridad y peligro como forma de supervivencia. Esto incluye las expresiones faciales, el tono de voz y el lenguaje corporal de las personas. La mente capta toda la información a través de los sentidos y la envía al cerebro, desde donde responde el sistema nervioso autónomo. Cuando nuestra seguridad se ve amenazada, se activa la respuesta de lucha o huida.

La Teoría Polivagal lleva esto un paso más allá con el complejo vagal ventral y el complejo vagal dorsal. El complejo vagal ventral está asociado al descanso y la digestión y al estado de calma normal del cuerpo, mientras que el complejo vagal dorsal provoca una respuesta de congelación.

Puede que ahora entiendas por qué, cuando te sientes emocionalmente inseguro en una relación, tienes tendencia a cerrarte. Sentirte seguro significa que tus mecanismos de defensa pueden desconectarse, y eres libre de ser auténtico.

Prestar atención a las señales no verbales y practicar la escucha activa son dos cosas que hemos tratado anteriormente y que te ayudarán a generar seguridad emocional. Veamos otras formas de conseguirlo.

Respeta los límites

Los límites nos protegen. Hacen saber a los demás con qué nos sentimos cómodos y con qué no, y comunican nuestros niveles de seguridad.

Ya se trate de un límite físico, como que no te toquen de determinada manera, o de un límite emocional, como que te escuchen, en el momento en que se traspasan esos límites, tu sensación de seguridad se ve comprometida.

La seguridad emocional va en ambos sentidos, por lo que es crucial que tú también respetes los límites de tu pareja.

Otorga a la gente el beneficio de la duda

En este caso, necesitamos tomar el control del sesgo de negatividad y otras distorsiones cognitivas. Todo el mundo tiende a traer cierto bagaje emocional a una relación, lo que puede causar estragos en tu subconsciente y en tus motivaciones dentro de una relación. En lugar de permitir que el cerebro se invente cosas que tu pareja hizo o dejó de hacer, céntrate en mirarla desde un lugar más positivo, sin juzgarla.

Sé responsable

Nada rompe más rápidamente la sensación de seguridad que alguien que dice algo y hace lo contrario. La responsabilidad pone de relieve cómo las acciones pueden ser más importantes que las palabras. Cuando alguien no confía en las acciones, es más difícil creer en las palabras. Puede tratarse incluso de acciones aparentemente sin importancia, como decir que vas a fregar los platos y hacerlo realmente, pero incluso estos pequeños pasos demuestran que eres fiable y estás comprometido.

Muestra amabilidad y compasión

La amabilidad y la compasión son las piedras angulares de la confianza. Cuando alguien se abre a ti y tú respondes con amabilidad (o viceversa), siente que puede confiar en ti para que lo apoyes sin juicios negativos. La compasión conduce a la empatía y a un mayor sentimiento de aceptación. Tanto la amabilidad como la compasión fomentan la conexión, reducen el estrés y aumentan la autoestima.

Sé coherente

Lo más probable es que conozcas bien el impacto que el comportamiento incoherente puede tener en una relación. Modelar un comportamiento positivo y ser coherente tú mismo puede ayudar a los demás a hacer lo mismo, lo que puede reducir el estrés y la ansiedad al tiempo que crea una sensación de seguridad al saber qué esperar.

Para convertir la seguridad emocional en honestidad emocional, tienes que empezar por ser sincero contigo mismo tanto sobre tus sentimientos como sobre tus vulnerabilidades. Empieza por tomarte tiempo para reflexionar sobre tus emociones reales a través de la conciencia. Luego empieza a ver las vulnerabilidades como lo que realmente son. No son actos, sino una determinada respuesta al acto. Tu apego ansioso puede parecer una vulnerabilidad, pero desde una perspectiva diferente, también sabes cómo puede ser una ventaja. Otros actos pueden verse del mismo modo siempre que no busques sólo los aspectos negativos.

Empieza despacio con tu honestidad emocional. Empieza contándole a tu pareja algo que normalmente no compartirías con los demás y evalúa su reacción. Si su respuesta es de apoyo, sabrás que puedes seguir compartiéndolo. Sin embargo, si su reacción es hiriente de algún modo, es importante que se lo hagas saber. Para que esto sea eficaz, recuerda utilizar la comunicación no violenta.

Al mismo tiempo, tienes que asegurarte de que no estás "vertiendo traumas" o compartiendo más de la cuenta sin tener en cuenta cómo se sentirá tu pareja con la información que compartes, lo cual es otra razón para tomarse las cosas con calma. Aunque en general es positivo poder compartir tus experiencias pasadas, tiene que ser apropiado, no dentro de conversaciones casuales, y asegurarte de que tenga la capacidad emocional para escucharte hablar de tu doloroso pasado. Teniendo en cuenta la profundidad potencial de este dolor, es prudente esperar y establecer una honestidad emocional antes de entrar en tales detalles.

Para animar a tu pareja a abrirse, además de modelar el comportamiento que esperas ver, intenta hacer preguntas abiertas. Las preguntas que empiezan con "por qué", "qué" y "cómo" ofrecen a los demás la oportunidad de ampliar sus respuestas y de profundizar en la conversación.

Un último y poderoso recordatorio sobre la honestidad emocional y, especialmente, sobre la vulnerabilidad: la vulnerabilidad es una elección, y es algo que permites que los demás vean. Esto no significa que permitas que los demás utilicen esas vulnerabilidades como un arma contra ti. Recuerda el proverbio: "Engáñame una vez, vergüenza para ti; engáñame dos veces, vergüenza para mí". ¡Protégete a ti mismo y a tu crecimiento!

Chequeo de relaciones

Con el tiempo, las conversaciones de pareja pierden su chispa y profundidad iniciales. Si ahora piensas en tus conversaciones típicas, ¿qué te viene a la mente? ¿Son temas mundanos como arreglar un grifo o decidir qué cenar? O quizá lo peor de todo, preguntar: "¿Qué tal el día?" sólo por preguntar.

Lo mismo se aplica a la mayoría de nuestras relaciones. ¿Cuánto inviertes en estas conversaciones? Y lo que es más importante, ¿están fortaleciendo tus relaciones?

Los chequeos regulares y programados permiten dedicar tiempo a conocer mejor los pensamientos y emociones del otro. Puede parecer clínico programar el tiempo, pero si no lo dedicas, no ocurrirá. A la vez, si en el tiempo programado corren el riesgo de sufrir distracciones, no podrán sacar el máximo partido de este tiempo crucial. Es mejor dedicar 10 minutos de calidad a conversaciones significativas que una hora llena de teléfonos sonando y niños interrumpiendo.

Si estás pensando en las personas importantes de tu vida y te preguntas por dónde empezar, esta sección contiene las preguntas que puedes utilizar para hacer el chequeo de relación con quienes más te importan.

Preguntas de chequeo para las parejas

- ¿Estás contento con nuestro nivel de intimidad emocional?

- ¿Hay algo que haya dejado de hacer que te gustaba?

- ¿Crees que pasamos suficiente tiempo juntos?

- ¿Hay algo que te moleste de nuestra relación?

- ¿Cuál es tu objetivo personal este mes y cómo puedo ayudarte?

- ¿Qué estoy haciendo que tú aprecies?

- ¿Qué te hace feliz en este momento?

- ¿Qué podemos hacer para divertirnos más?

- ¿Qué tan bien crees que manejamos los conflictos, y cómo podríamos mejorar?

- ¿Te sientes cercano a mí?

- ¿Qué te hace ilusión?

- ¿Estás pasando por algo estresante de lo que quieras hablar?

- ¿Qué puedo hacer para facilitarte los días?

- ¿Hay algo que creas que deberíamos hacer más?

- ¿Qué nuevas experiencias te gustaría que probemos juntos?

Preguntas de chequeo para la familia

- ¿Sientes que tu familia te apoya?

- ¿Sientes que tienes demasiadas cosas que manejar?

- ¿Alguna vez sientes que necesitas hablar con alguien, pero no sabes con quién?

- ¿Qué te da miedo o ansiedad?

- ¿Duermes lo suficiente y haces ejercicio?

- ¿Cuál es tu forma favorita de relajarte?

- Si pudieras hacer algo ahora mismo, ¿qué sería?

- ¿Qué ha funcionado bien en nuestra familia esta semana?

- ¿Qué no ha funcionado tan bien esta semana?

- ¿En qué podemos trabajar para mejorar nuestra familia?

Preguntas de chequeo para amigos

- ¿Cuáles han sido tus momentos más difíciles últimamente, y cómo los estás afrontando?

- ¿Qué es lo que más ocupa tus pensamientos?

- ¿Tu estado de ánimo es mejor o peor que la semana pasada?

- ¿Qué pequeña cosa marcó una gran diferencia en tu día?

- ¿Cómo practicas el autocuidado?

- ¿Ha habido algún cambio significativo en tu vida recientemente?

- ¿Qué fue lo último que te hizo sonreír?

- ¿Qué te cuesta compartir?

- ¿Cómo equilibras tu trabajo y tu vida privada?

- ¿Cómo puedo ayudarte a superar tus retos?

- ¿En qué sueños estás trabajando actualmente?

Preguntas de chequeo para compañeros de trabajo

- ¿Cuáles son las tres cosas más importantes de tu lista de tareas pendientes?

- ¿Cómo podría ayudarte la dirección?

- ¿Qué has conseguido recientemente y cómo te ha hecho sentir?

- ¿Qué te produce ansiedad en tu trabajo?

- ¿Qué te gustaría ver más de tus compañeros de trabajo?

- ¿Qué te ha enseñado tu trabajo sobre ti mismo?

- ¿A quién admiras más en tu lugar de trabajo?

- En una escala del 1 al 10, ¿qué tan cerca te sientes de estar sobrepasado, siendo 10 lo más cercano?

- ¿Qué frena tu progreso?

- ¿Cómo te sientes normalmente durante tu trayecto al trabajo?

En este capítulo hemos aprendido que no se trata necesariamente de lo que dices, sino de cómo lo dices. Se trata de la conexión a un nivel tácito que crea una fuerte sensación de seguridad y honestidad.

Cuando hay honestidad y seguridad emocional, parece que nada puede sacudirlos a ti y a tu pareja, incluso en medio del caos. A medida que avancemos, el siguiente paso profundizará en la confianza y explorará cómo transformar las dudas pasadas en una imagen positiva de uno mismo.

PASO 7: LA CONFIANZA, TU NUEVA AMIGA

Amarse a uno mismo es el comienzo de un romance para toda la vida.

— *OSCAR WILDE*

Hay bastantes conceptos erróneos en torno a la idea de quererse a uno mismo. Puede parecer que eres vanidoso o egocéntrico. Y aunque algunas personas lo llevan al extremo y se vuelven egocéntricas, cuando el amor propio va demasiado lejos, acabas desatendiendo las necesidades de los demás. Antes de empezar a quererte de verdad, necesitarás una dosis saludable de confianza y autoestima.

El vínculo entre la autoestima y el apego ansioso

Algunas personas utilizan la autoestima y la confianza indistintamente, pero técnicamente son diferentes. La confianza en ti mismo, es cómo ves tus habilidades y capacidades. En cambio, la autoestima es cómo te ves a ti mismo como persona. Incluye tus sentimientos de competencia, seguridad y sentido de pertenencia. Abarca tanto tu identidad como tu confianza.

No hace falta decir que la autoestima afecta a las relaciones, pero también influye en la toma de decisiones, la motivación, la salud emocional y el bienestar general. Veamos más de cerca lo que una baja autoestima puede hacer a tu relación.

Es posible que tu baja autoestima te impida expresar tus necesidades, y esto suele deberse a que no quieres sentirte como una carga o sacar a los demás de su camino ya establecido. En lugar de pedir a tu pareja que busque algo de la tienda, preferirías desviarte de tu camino, a pesar de que tu pareja esté dispuesta a hacerlo.

Recibir comentarios de los compañeros o de cualquier otra persona puede tomarse como algo personal. Sabes lo que es sentirte mal contigo mismo sólo para que alguien te ofrezca una forma de mejorar, y te sientas peor contigo mismo.

Si tu autoestima es alta, eres capaz de ver tus puntos fuertes, por lo que los comentarios se toman con otra perspectiva. De forma similar, puede que te desvivas porque te quieran en una relación, aunque eso signifique sacrificar quién eres realmente.

La inseguridad ya es un problema con el apego ansioso, pero con la baja autoestima, puedes notar sentimientos de celos junto con tu inseguridad. Esto no se debe a que temas que te abandonen. Es más probable que los celos se produzcan porque no ves tu verdadera valía e imaginas que tu pareja se siente atraída por alguien que la merece más que tú. Si te sientes amenazado por los demás, los celos pueden desembocar en posesividad.

Como la baja autoestima se ve afectada por la confianza, la falta de confianza puede hacer que dudes de cada decisión que tomes, incluidas las relativas a tu relación. Las decisiones pueden estar influidas por el miedo a los resultados negativos. Las investigaciones han demostrado que las personas con baja autoestima tienen más probabilidades de permanecer en relaciones infelices que las que tienen una autoestima sana (Universidad de Waterloo, 2015).

Lamentablemente, la baja autoestima es un problema de proporciones épicas, que padecen aproximadamente el 85% de los estadounidenses (Shepard, 2022). Sin embargo, cuando se une al apego ansioso, el miedo a no ser amado o a ser reemplazado aumenta los comportamientos ansiosos y alimenta el ciclo que se autoperpetúa.

Podrías sentirte frustrado con tu pareja porque no valida tus emociones y, así, hacer que se distancie o te rechace, lo que reduce aún más tu autoestima. Una autoestima más baja perpetúa los comportamientos ansiosos, y así continúa el ciclo.

Fortalece tu interior, mejora tus relaciones

Por cada momento bajo, debe haber un momento alto, y la autoestima alta está a tu alcance si aprecias lo que realmente significa. En general, tener una autoestima alta consiste en verte a ti mismo de forma positiva. Significa que te quieres, te respetas y te valoras como ser humano, y que crees en tus capacidades para aprender y hacer aportaciones positivas.

Una autoestima alta consiste en creer que tus pensamientos, opiniones y sentimientos tienen valor.

Además de cómo te ves a ti mismo, una autoestima sana abarca cómo te relacionas con los demás y cómo crees que te ven los demás. Una autoestima sana significa que aprecias tu propia valía lo suficiente como para no dejar que los demás te maltraten.

Contrariamente al ciclo que se autoperpetúa, una persona con alta estima no toleraría una relación tóxica. Los insultos no tendrían el mismo impacto porque la persona tiene una visión sólida y positiva de quién es. También estaría más dispuesta a poner fin a una relación tóxica porque sabe que, con el tiempo, el comportamiento de la pareja abusiva podría desgastar su autoestima.

La buena autoestima y las relaciones positivas van de la mano. Del mismo modo que la autoestima puede crear relaciones más fuertes, las relaciones sociales positivas, el apoyo social y la aceptación social contribuyen a desarrollar la autoestima.

Un metaanálisis en el que participaron 47.000 personas de ambos sexos, de una amplia gama de países y de edades comprendidas entre los 4 y los 76 años demuestra que esto es cierto (American Psychological Association, 2019).

Tus niveles de autoestima probablemente se remontan a tu infancia y a la relación que tuviste con tus cuidadores. Los niños con una autoestima fuerte se convierten en adolescentes con relaciones sociales más positivas, y esto les prepara para tener relaciones más sanas en la edad adulta.

Unos niveles más altos de autoestima pueden darte confianza para hablar de tus necesidades y verdaderos sentimientos. Ver lo digno que eres como persona puede reducir las dudas, inseguridades y momentos de celos. Cuando tu pareja empieza a ver que confías en ella, puede ayudar a reforzar su autoestima, lo que conduce a una relación más equilibrada y satisfactoria.

Al igual que una autoestima alta puede beneficiar a las relaciones, también puede tener un impacto positivo en todos los ámbitos de la vida, especialmente en lo que se refiere a la resiliencia y al afrontamiento del estrés.

Ante un reto o un obstáculo, hay dos tipos de personas. Algunas acaban atrapadas en un sentimiento de desesperanza, mirando sus defectos y culpándose por ser incapaces de resolver el problema. No tienen autoestima para enfrentarse a la adversidad.

El otro tipo de persona considerará sus habilidades existentes e identificará las que le faltan para afrontar el reto. Cuando tengan fe en sí mismas, trabajarán en las habilidades necesarias para superar cualquier obstáculo que se interponga en su camino.

Esto es especialmente cierto cuando se trata de fijar objetivos. No será fácil alcanzar tu objetivo, o no sería un objetivo. Reforzar tu autoestima te permite ver que cuando las cosas no salen según lo previsto, no es el fin del mundo, lo que te aliviará mucho estrés.

Es importante comprender la diferencia entre una autoestima elevada y el narcisismo. Podría parecer que un narcisista tiene una autoestima extremadamente alta. Su sentido de la grandiosidad y la prepotencia demuestra que se valora a sí mismo, pero a diferencia de la alta autoestima, se valora por encima de los demás.

Puede ser necesario un poco de empatía al tratar con narcisistas, porque aunque parezca que tienen demasiada autoestima, es probable que ocurra lo contrario. Sus comportamientos suelen enmascarar una imagen muy pobre de sí mismos, ira autodirigida y baja autoestima.

Aunque es posible tener confianza y no autoestima, es muy difícil, y probablemente puedas reconocer que tanto tu confianza como tu autoestima necesitan ser trabajadas.

No es el caso del huevo y la gallina, en el que uno va antes que el otro. Puedes desarrollar ambas al mismo tiempo.

No obstante, empezaremos con las técnicas para ganar confianza antes de pasar a la autoestima.

Hábitos para reforzar tu confianza

Tómate un momento para recordarte que la confianza y la autoestima tardan en desarrollarse. Probablemente lleves años sufriendo una baja confianza, así que no es realista imaginar que basta con saber la teoría para levantarse al día siguiente como una persona segura de sí misma. No sólo se necesita tiempo, sino también un esfuerzo constante.

Sin embargo, las siguientes actividades no requieren mucho tiempo y pueden integrarse fácilmente en tu rutina diaria.

Escribe una lista de tus puntos fuertes

Es fácil pensar que no eres bueno en nada, pero puede que estés confundiendo las fortalezas con el talento. Los talentos son dones naturales que tienes, como el canto o el atletismo. Los puntos fuertes son los talentos que has desarrollado mediante el conocimiento y la práctica.

Aunque no te des cuenta, con más de 18 años de práctica, ya tendrás puntos fuertes.

Algunos puntos fuertes que a menudo se pasan por alto son:

- Madurez

- Pasión

- Trabajador

- Respetuoso

- Determinación

- Humor
- Trabajo en equipo
- Paciencia
- Atención al detalle
- Flexibilidad

Haz una lista de tus puntos fuertes, pero recuerda seguir añadiéndolos. Guarda tu lista en algún lugar accesible, y léela en los momentos en que dudes de ti mismo.

Libérate del perfeccionismo

Obviamente, quieres trabajar en tus defectos y adquirir nuevas fortalezas, pero no quieres irte al otro extremo y luchar por la perfección. No existe la persona perfecta, y cuando te fijas expectativas poco realistas, le estás robando la alegría a tu vida.

El perfeccionismo mata la confianza, porque en lugar de centrarte en tus progresos, te centras constantemente en no ser lo bastante bueno.

Míralo de este modo: ¿qué es más importante, una comida perfectamente presentada o una comida que alimente el corazón y el alma?

Ten cuidado con fingir hasta conseguirlo

Es común escuchar la frase "Finge hasta que lo consigas" en relación con la confianza, pero esto puede ser contraproducente. Fingir cualquier cosa es una forma de supresión de emociones, que sabemos que no es saludable.

Sorprendentemente, las investigaciones han demostrado que reprimir tus emociones y fingirlas no sólo te afecta a ti, sino que también eleva la presión arterial de quienes te escuchan (Goman, 2017).

Esencialmente, fingir tu confianza es detectado por los demás, y es más difícil que te caiga bien alguien que no está siendo auténtico. En lugar de fingir, utiliza la visualización para imaginarte como una persona segura de ti misma.

Sé amable con tu cuerpo

Desarrollar la confianza no consiste en tener el cuerpo perfecto. Llevar una dieta estricta y hacer demasiado ejercicio no implica que te sientas bien en tu piel. Ser amable con tu cuerpo es tener respeto por ti mismo y asegurarte de que tus necesidades físicas estén cubiertas.

Es difícil sentirse bien con lo que eres y con tus capacidades cuando estás constantemente agotado. Procura llevar una dieta equilibrada, dormir lo suficiente y realizar la cantidad y el tipo de actividad física adecuados para alcanzar todas tus aspiraciones.

Haz algo que te asuste

No me refiero a saltar de un avión o a cualquier otra cosa que te paralice de pánico. Al igual que el estrés, cierto grado de miedo puede empujarte a crecer y aprender.

Tomemos el ejemplo de organizar un acto benéfico. Comprometerte a ello significa que ahora eres responsable de ayudar a los demás. El miedo que experimentas se debe a que hay una consecuencia en juego, y esto puede conducir a un mayor esfuerzo y a un mejor rendimiento.

Hacer cosas que te asustan no significa que tengas que ponerte en peligro.

Pueden ser pequeños pasos fuera de tu zona de confort, como sonreír a un desconocido o compartir algo sobre ti con alguien que no sea tu pareja.

Nunca dejes de aprender

Como la confianza se basa en la fe que tengas en tus habilidades, adoptar la mentalidad del aprendizaje continuo es crucial. En algunos casos, lo que elijas aprender puede ayudar a tu trayectoria profesional. Otras veces, puede tratarse de desarrollo personal. Ambas cosas son estupendas, pero a veces pueden provocar sentimientos de aprendizaje obligatorio. Para que aprender sea algo que te guste, es importante dedicar tiempo al aprendizaje divertido. Piensa en tus pasiones y aficiones o en las cosas que siempre has querido hacer, pero nunca has encontrado tiempo. Aprovecha los videos online, las charlas TED y los cursos gratuitos para adquirir nuevas habilidades.

Celebra tus logros

¿Saliste de tu zona de confort e intentaste algo nuevo? ¿Esa nueva receta resultó mejor de lo que habías imaginado, o la sonrisa que ofreciste a un desconocido suscitó una conversación? Aunque probablemente tu gran objetivo en la vida sea superar tu apego ansioso, no olvides que se trata de un proceso, y que cada victoria en el camino debe celebrarse. Hacerlo es como alimentar a cuentagotas tu confianza y mantenerte en el camino hacia la meta mayor.

No confíes en la validación externa

Siempre es agradable escuchar los cumplidos, sobre todo cuando se refieren a algo que has hecho bien, pero la confianza reside en tener fe en tus propias capacidades. No debes esperar a que esto te lo refuercen los demás. Considera la validación externa como un plus para tu confianza, pero sé bueno reconociendo las cosas que haces bien y tómate el tiempo necesario para una validación interna, porque te lo mereces.

Mejora tu autoestima

Ya hemos tratado la diferencia entre la autoestima alta y el narcisismo, pero hay otro tipo de autoestima con la que hay que tener cuidado: la falsa autoestima. La falsa autoestima es cuando basas tu valía en aspectos superficiales, y esto repercutirá negativamente en tus conexiones significativas. Recuerda que tu valía no se basa en el sueldo, el estatus, la apariencia o las posesiones.

Imagina a un estudiante que sólo saca sobresalientes y a una madre soltera con problemas económicos. Supondrías que el estudiante tiene una autoestima más alta. Pero, ¿y si sus notas sólo se deben a que teme ser castigado por sus padres? ¿Y si la madre, aunque esté sometida a un estrés inmenso, es feliz, cuida de sus hijos lo mejor que puede y ha creado un entorno afectuoso a pesar de sus problemas?

Deja de compararte con los demás

¡Vivimos en un mundo de ironía! Hay gente que lucha por la igualdad de derechos en una manifestación, pero luego tiene que volver corriendo a casa para preparar la cena a su pareja. Otros capturan la foto de la pareja perfecta y la publican en internet, pero luego no hablan con su pareja durante el resto del día. Desde los albores de los "me gusta" y "compartir", la gente se ha vuelto buena en dejar que los demás vean sólo lo que ellos quieren que vean, un reflejo lejano de la realidad. En tu caso, navegas por las redes sociales y te preguntas por qué tu vida no puede parecerse más a la del otro. Cada persona está en su propio camino, y compararte con los demás no sólo es improductivo, sino que te está causando un daño innecesario.

Como dice la canción "Everybody's Free" (Todos son libres) de Baz Luhrmann "A veces vas delante, a veces vas detrás. La carrera es larga y, al final, es sólo contigo mismo".

Ten una cita contigo mismo

Llevarte a ti mismo a una cita es bueno para la autoestima y la confianza. En primer lugar, tienes la oportunidad de probar lugares nuevos y hacerlo a solas, que son pequeños pasos fuera de tu zona de confort. En segundo lugar, este tiempo intencionado a solas te da la oportunidad de practicar el amor propio y el autodescubrimiento y demuestra que estás comprometido contigo mismo, lo que ayuda a reducir la necesidad de validación externa. En lugar de dejarte influir por las necesidades y preferencias de los demás, eres libre de hacer las cosas que te gustan.

Elige afirmaciones para aumentar tu autoestima

Intenta añadir algunas de estas afirmaciones a tu práctica diaria:

- Soy fiel a mí mismo

- Mis retos son oportunidades para crecer

- Soy capaz de alcanzar mis objetivos

- Mi fortaleza y resiliencia me permiten superar los obstáculos

- Yo tengo el control

- Tengo un impacto positivo

- Yo controlo mi felicidad

- Elijo el amor propio frente a las dudas sobre mí mismo

- Abrazo mi singularidad

- Soy amado por lo que soy

Habla contigo mismo en tercera persona

Es una técnica utilizada por políticos, deportistas y muchos otros famosos, pero no es un signo de sus egos superinflados. Hablarte a ti mismo en tercera persona es una forma de distanciamiento fisiológico. En lugar de dirigirte a ti mismo como "yo", utilizarías tu nombre.

Cuando esto ocurre, reduces la actividad cerebral vinculada a la autoconversación negativa sin el mismo esfuerzo que técnicas como el reencuadre cognitivo. En momentos de estrés, referirte a ti mismo por tu nombre puede permitir un distanciamiento emocional y una mejor toma de decisiones.

Haz voluntariado

El voluntariado puede ayudarte con tu autoconocimiento porque es una oportunidad para aprender más sobre tu propósito en la vida.

Puede aumentar la confianza en ti mismo, ya que puedes ver que tus acciones tienen un efecto positivo en la vida de los demás. Y, en cuanto a tu autoestima, te ayuda a solidificar tu identidad y a sentirte orgulloso de tus logros.

En general, retribuir a la comunidad aumenta la satisfacción vital. Hay muchas formas de ser voluntario, como donar objetos, limpiar zonas de tu localidad, pasar tiempo con niños y ancianos en hospitales, o incluso hacer de mentor.

Lleva un diario para tu autoestima

Para evitar la trampa de la falsa autoestima, utiliza las siguientes sugerencias para ayudarte a descubrir tu verdadero valor.

• ¿Cómo te describiría un amigo íntimo?

• ¿En qué aspectos te sientes bien contigo mismo?

• ¿Cuándo has demostrado valor recientemente?

• Enumera tres cualidades que tengas y que sean valiosas para las personas de tu vida.

- ¿Qué puedes aprender de tu mayor éxito?

- ¿Cómo puedes ayudar a los demás cuando hablan negativamente de sí mismos?

- ¿Quién se vería profundamente afectado si no estuvieras en su vida?

- Enumera cinco cosas nuevas que quieras probar y por qué no las has hecho todavía.

- ¿Qué situaciones te hacen sentir poderoso?

- ¿Cuál es tu propósito en la vida?

Practica la gratitud

Dedicar tiempo a considerar las cosas buenas de tu vida fomenta la reflexión sobre las cosas que te hacen sentir feliz, optimista y satisfecho, mientras que reduce los pensamientos de negatividad y envidia hacia los demás. Cuando te detengas a oler las rosas en sentido figurado, te darás cuenta de que hay mucho por lo que ser positivo. A su vez, esto puede mejorar la imagen que tienes de ti mismo y aumentar los pensamientos positivos sobre quién eres como persona.

Aunque es natural empezar pensando en los aspectos más importantes de tu vida, practicar la gratitud también consiste en reconocer las cosas más pequeñas por las que estar agradecido. No hace falta decir que estoy agradecido por mi familia y por el techo que me cubre, pero también lo estoy por la persona que amablemente me deja incorporarme al tráfico o por el aroma del café recién hecho por la mañana. Al final de cada día, pregúntate qué puedes agradecer, escribe un diario sobre ello y no olvides compartir tus mensajes de gratitud con los demás.

Sé creativo

Aunque sabemos que el cerebro es más complejo, para el propósito de esta actividad, imagina que tu cerebro funciona en dos marchas: analítica y creativa. Cuando estás en el modo analítico, tu cerebro juzga. Cuando cambias a tu modo creativo, eres libre de expresarte sin miedo a ser juzgado. Puedes silenciar al crítico interior y ser tú verdaderamente.

En realidad, la creatividad y la autoestima tienen un ciclo positivo. Cuanto más creativo te vuelves, mejor serás para resolver problemas porque eres capaz de adaptar tu forma de pensar, viendo las cosas desde perspectivas diferentes. Cuanto mejor seas en la resolución de problemas, más rápido crecerá tu autoestima.

Con esto en mente, explora distintas áreas de la creatividad, desde el arte a la música, pasando por el baile o la repostería. No busques la perfección. La creatividad es subjetiva, lo que significa que es personal para ti, no está ahí para complacer a los demás.

Por mucho que la autoestima y la confianza en ti mismo vayan a beneficiar a tus relaciones, es esencial que recuerdes que no estás trabajando estas partes de ti mismo a causa de tu relación. Es al revés.

Tu autoestima y confianza te ayudarán a convertirte en

una persona íntegra, y cuando eres una persona íntegra, tus relaciones pueden prosperar.

Sin embargo, para que una relación tenga éxito completo, tiene que haber equilibrio. En nuestro último paso, completaremos el marco de **Sentirse Bien**, no sólo trabajando sobre nosotros mismos, sino también creando el equilibrio esencial entre codependencia e interdependencia.

PASO 8: TIEMPO PARA MÍ Y TIEMPO PARA NOSOTROS

Que haya espacios en su unión,

Y que los vientos del cielo bailen entre ustedes.

Ámense los unos a los otros, pero no hagan un vínculo de amor:

Que sea más bien un mar en movimiento entre las orillas de sus almas.

Llénense mutuamente el vaso, pero no beban de un solo vaso.

Dense mutuamente de su pan, pero no coman del mismo pan.

Canten y bailen juntos, y alégrense, pero dejen que cada uno esté solo,

Así como las cuerdas de un laúd están solas, aunque tiemblen con la misma música.

Entreguen sus corazones, pero no a la custodia del otro.

— *KHALIL GIBRAN, EL PROFETA*

Hay muchas referencias hermosas en la cita de Gibran, pero la que más me resuena es la de llenar las copas del otro, pero no beber sólo de una.

Me recuerda a otra expresión "No puedes servir de una taza vacía". Aunque esta última está relacionada con el autocuidado y con asegurarte de que atiendes a tus necesidades para ocuparte de todas las demás responsabilidades, los mensajes de ambas expresiones son claros. Cada relación debe tener dos copas. Aunque puedes contribuir a ambas, incluso tomar un sorbo de la del otro, no puedes depender de la copa de tu pareja.

Codependencia vs Interdependencia

Abordemos primero la codependencia. Cuando eres codependiente, dependes de alguien hasta el punto en que afecta negativamente a la relación y afecta a su vida. No se trata sólo de apoyo físico, como ayudarte cuando no puedes completar todo lo que tienes que hacer. Por supuesto, dependerás de tu pareja en cosas como la gestión de la casa o el cuidado de los niños.

Codependencia significa una dependencia excesiva de otra persona para obtener motivación, autoestima y validación.

La codependencia tiene la costumbre de reforzar los comportamientos negativos. Puede que empieces por requerir alguna forma de apoyo de otra persona, como la validación. La pareja asume el papel de validador, lo que te lleva a depender de ella para esa validación.

Si este ciclo continúa, puedes encontrarte en un estado de hundimiento en el que no sólo dudes de quién eres como persona, sino que empieces a sentir que no puedes vivir sin tu pareja. Cuando la dependencia es tal que se convierte en algo traumático, se conoce como "enredo".

Las investigaciones han demostrado que los niños que crecen experimentando el "enredo familiar" suelen desarrollar un estilo de apego envidioso y es probable que creen familias similares más adelante en su vida (The Attachment Project, s.f.).

Por otra parte, la codependencia también puede significar que sitúas las necesidades y deseos de los demás tan por encima de los tuyos que te descuidas a ti mismo. Esencialmente, esto es satisfacer un tipo distinto de necesidad propia, la necesidad de ser amado y no abandonado, pero sigue siendo malsano.

En lugar de explicar el vínculo entre la codependencia y el apego ansioso, enumeraré los signos de la codependencia. Y ahora, con tus amplios conocimientos, podrás ver cómo muchos de estos signos se superponen y se relacionan contigo.

• Buscas constantemente la aprobación

• Tu autoestima depende de lo que la gente piense de ti

• Asumes más de lo que puedes manejar con la esperanza de que te alaben

- Asumes más de lo que puedes manejar para aliviar la carga de los demás

- Aceptas la culpa de cosas que no son culpa tuya

- Te disculpas cuando la culpa no es tuya

- Evitas los conflictos

- Ignoras tus propios deseos

- Te preocupan demasiado los comportamientos de tu pareja

- Intentas tomar decisiones por tu pareja

- Te sientes culpable cuando dedicas tiempo a ti mismo en lugar de a los demás

- Haces cosas para hacer felices a los demás, incluso cuando no quieres hacerlas

- Pones a tu pareja en un pedestal

- Temes el rechazo y/o el abandono

Como todo lo que hemos tratado sobre el apego ansioso, hay una diferencia entre el momento aislado y la desmesura.

A veces, tu pareja puede pedirte algo y, aunque estés agotado, lo haces. O puede que tengan un viaje largo y estén conduciendo durante horas, por lo que te preocupas. Estos ejemplos no son lo mismo que el extremo que afecta a cómo viven ambos.

Antes de hablar de la interdependencia, hay otro extremo que debes tener en cuenta. La hiperindependencia es el intento de ser totalmente independiente hasta el punto en que ya no resulta útil.

Normalmente, la hiperindependencia se asocia al apego evitativo, pero en el caso del apego ansioso, debes ser consciente de tus intentos de independizarte. Esto te lleva al otro extremo, en el que la necesidad de ser independiente te impide pedir cualquier forma de ayuda, física o emocional.

No es que la hiperindependencia vaya a ser un problema para ti en este momento, pero mientras buscas el equilibrio, debes estar atento a las siguientes señales que podrían sugerir que te estás acercando al otro extremo:

• Tienes una relación poco saludable y te esfuerzas demasiado por mantenerla

• No puedes delegar cuando necesitas apoyo o ayuda

• No puedes bajar la guardia y dejar entrar a los demás, principalmente porque crees que no es necesario

• Llevas el punto anterior hasta el extremo de ser alguien reservado

• Tu miedo a ser defraudado te hace desconfiar de los demás

• La falta de vulnerabilidad y de apertura significa que no tienes muchas relaciones estrechas

Al examinar esta lista, hay algunos puntos más en común, lo que permite ver con más claridad el intrincado equilibrio en las relaciones.

Aunque el apego evitativo y el ansioso aparecen en los extremos opuestos de la escala, son estos solapamientos en la dependencia los que ponen de relieve cómo ambos se atraen. No se equilibran mutuamente. Simplemente vacían sus copas.

La interdependencia no significa que no se apoyen mutuamente. Sólo significa que la cantidad de apoyo dado y recibido es igual, y que no hay abuso de poder.

Se mantiene la autonomía y se respetan los límites. Los problemas se comunican, pero no se convierten en una carga para ninguna de las partes. Las responsabilidades se comparten, y la comunicación es abierta y honesta. Como ambas personas de la relación se sienten seguras, pueden explorar sus caminos individuales y crecer mientras evolucionan juntas como pareja.

El resultado de la codependencia es similar al del apego ansioso. Aparte de que es difícil ver el equilibrio entre codependencia e interdependencia, acabas preocupándote demasiado por las necesidades de tu pareja y adaptando tus propios pensamientos y comportamientos sólo para sentirte validado.

Tus objetivos, intereses e identidad pasan a un segundo plano por miedo a que te abandonen. Tus relaciones son frágiles porque ambos pueden sentir frustración, resentimiento y agotamiento emocional.

Parece que todo este agotamiento y confusión requieren mucho esfuerzo para superarse, pero la mayoría de los problemas causados por la codependencia pueden resolverse haciendo una sola cosa: estableciendo límites.

Trazar la línea

Cuando escuchas la palabra límites, puede que tu mente vaya directamente a barreras estrictas que no se pueden traspasar. Puede parecer que estás siendo frío cuando, si se establecen correctamente, en realidad ocurre lo contrario. Los límites sanos consisten en asumir la responsabilidad de tus emociones y acciones, mientras te proteges a ti mismo y a tus valores.

Al mismo tiempo, los límites en una relación significan que no te responsabilizas de las emociones o acciones de la otra persona.

Por ejemplo, si le dices a tu pareja que no puede salir porque te hace sentir inseguro, tienes unos límites deficientes porque no estás aceptando tus emociones.

Si tu pareja dice a sus amigos que no puede salir porque tú eres celoso, demuestra que ambos no asumen la responsabilidad de sus actos y, en cambio, se culpan mutuamente de sus emociones. Esto contribuye a un círculo vicioso que refuerza la codependencia.

Si observas los límites desde la perspectiva de la teoría del apego, es fácil ver cómo unos límites deficientes se convierten en la norma. Cuando una persona es ansiosa, no establecerá límites o los romperá para complacer a su pareja.

Por otra parte, la pareja evitativa puede tener unos límites increíblemente rígidos, sobre todo cuando se trata de mantener la distancia emocional.

Los límites son cruciales por varias razones. Son una forma de autocuidado, de asegurarte de que eres consciente de tus necesidades y de no permitir que los demás no respeten tu derecho a atenderlas. Los límites te dan la oportunidad de expresar lo que está bien y lo que no.

En lugar de pensar en los límites como muros que impiden el paso a los demás, imagina tus límites como una capa de protección alrededor de tu identidad. Cuando tienes los límites necesarios para proteger tu identidad y no doblegarte ni cambiar por los demás, tu autoestima empieza a crecer. No comprometer tus valores y necesidades lleva el círculo de vuelta al autocuidado, que también aumenta la autoestima. Este necesario aumento de la autoestima fomenta una mayor independencia, sabiendo que tienes lo que hace falta para lograr cosas como individuo.

En cuanto a tu relación, los límites pueden reducir los conflictos. En lugar de dar vueltas sobre cuál es la postura de ambos, las expectativas de tu relación se comunican claramente. Si tu pareja se comporta de un modo que alimenta tu ansiedad, en lugar de dejar que te desgaste hasta que las cosas se conviertan en una pelea, tienes las habilidades necesarias para explicar el comportamiento que te molesta. En la mayoría de los casos, basta con que le des a conocer tus límites. Si no respetan tus límites, habrá consecuencias.

De nuevo, esto puede parecer duro, pero los límites funcionan en ambos sentidos. Por mucho que los límites estén ahí para protegerte, tu pareja también necesita establecer límites para que se le apliquen los mismos beneficios. Volviendo a las copas, los límites garantizan que ambas copas estén llenas y se respeten, pero la vida no es tan rígida como para que no puedan tomar un sorbo el uno del otro de vez en cuando.

Antes de descubrir cómo establecer límites sanos, tienes que tomarte un tiempo para contemplar las áreas de tu relación y de tu vida que necesitan límites más fuertes.

Los límites no sólo van a ayudar a tu relación sentimental, sino que también pueden mejorar cualquier relación en la que sientas que la codependencia y la interdependencia están desequilibradas.

- **Límites físicos:** Son necesarios para proteger tu espacio personal y tu cuerpo. Determinan con qué tipo de contacto físico te sientes cómodo, tu intimidad y lo que es aceptable dentro de tu espacio físico, como tu casa.

- **Límites sexuales:** Puede que te parezcan más relevantes para las nuevas relaciones, pero con el paso del tiempo puede que te des cuenta de que la intimidad física ha cambiado. Si no comunicas estos cambios a tu pareja, es como si asumieras que debería saberlo.

- **Límites emocionales/mentales:** Tener este tipo de límites permite que los demás sepan que tienes derecho a tus pensamientos y sentimientos y no a que los critiquen o a que los consideren como no validados. Para tener seguridad emocional y honestidad, necesitarás estos límites.

- **Límites espirituales/religiosos:** Tienes derecho a creer en lo que quieras y a que se respeten esos derechos, ya sea asistir a una iglesia o adorar a la Madre Naturaleza.

- **Límites económicos/materiales:** Es normal que en las relaciones duraderas se compartan gastos y objetos de la casa, que compran juntos. Dicho esto, ambos tienen derecho a su propio dinero y a comprar sus propias posesiones. También es importante que los gastos compartidos sean justos.

- **Límites de tiempo:** Para tener tiempo para el autocuidado, tus necesidades y deseos, y tu crecimiento, es vital que puedas decir no a las cosas que no quieres hacer y que los demás respeten tu tiempo.

- **Los "no" absolutos:** Habrá cierto grado de flexibilidad para algunos límites, pero también habrá algunos que no sean negociables. Algunos ejemplos pueden ser el maltrato físico o emocional u otros actos que te pongan en peligro.

Las siguientes preguntas pueden ayudarte a comprender mejor dónde puedes necesitar límites:

- ¿Qué te causa estrés innecesario en este momento?

- ¿Qué tipos de comportamiento te causan malestar?

- ¿Qué temes cada día?

- ¿Qué esperas con ilusión cada día?

- ¿Quién o qué te drena la energía?

- ¿Quién o qué es la fuente de tu energía?

- ¿Cuándo sientes que tu tiempo no se utiliza tan bien como se podría?

A continuación, es hora de dejar claros tus límites para que estés preparado para comunicarlos.

Paso 1: Identifica tus límites

Tras considerar los tipos de límites y las preguntas anteriores, dibuja un círculo en un papel. El perímetro de tu círculo es tu límite absoluto, y el centro de tu círculo es donde te sientes cómodo.

Pongamos el ejemplo de que tu pareja llega tarde constantemente. En el centro de tu círculo, podrías sentirte cómodo con una llamada telefónica por adelantado. Hacia el perímetro, bastaría con un mensaje de texto. Sin embargo, fuera del círculo, la falta de comunicación sería algo que no puedes ni debes tolerar.

Paso 2: Comunica tus límites

La comunicación no violenta es una forma excelente de comunicar tus límites de forma firme pero justa. Asegúrate de utilizar afirmaciones en primera persona, conocidas como afirmaciones en primera persona para que el mensaje siga siendo de responsabilidad propia y se centre en tus necesidades sin culpar a nadie.

Además, recuerda ser específico para que tu pareja no se sienta insegura. En el caso de que tu pareja llegue tarde, una comunicación clara sería: "No me parece bien que llegues tarde y no me avises con antelación. Podría estar haciendo otras cosas con mi tiempo. Por favor, llámame si vas a llegar tarde".

Paso 3: Ten paciencia

Es normal que tu pareja no esté acostumbrada a que le impongas límites, y en algunos casos, pueden olvidarlos de verdad. En el ejemplo anterior, le pedimos a nuestra pareja que llamara, pero también, dentro del límite, hay espacio para un mensaje de texto, así que, si por casualidad no puede llamar, un mensaje sigue siendo aceptable. A menos que se trate de tus límites no negociables, intenta no ser demasiado rígido.

Paso 4: Comprende que puede haber resistencia

Si has comunicado tus límites y las personas siguen insistiendo en traspasarlos, debe haber consecuencias. De nuevo, puede sonar duro, pero sin una consecuencia, el límite no va a ser efectivo. La consecuencia de no avisarte cuando van a llegar tarde sería no esperar. Las consecuencias sólo son eficaces si cumples lo que dices.

Como seres humanos, estamos programados para ser agradables y hacer lo necesario para mantener la paz. Por supuesto, con el apego ansioso, también está el deseo de ser aceptado y querido. Esto hace que sea increíblemente difícil decir que no.

Cuando no sabes decir que no, te arriesgas a que traspasen tus límites, te quiten tiempo y te vuelvas pasivo. Es difícil abandonar el hábito de complacer a la gente cuando sigues diciendo que sí cuando deberías decir que no.

"No" puede ser una frase completa, pero si aún no tienes la confianza para decirla, hay alternativas que siguen transmitiendo tu mensaje. Prueba a utilizar frases como "Gracias por pensar en mí, pero no puedo" o "Me encantaría, pero ya tengo planes". Si la persona insiste, es el momento de un simple "No, gracias".

Todo es cuestión de equilibrio

La sociedad se centra en la igualdad y en el concepto de 50-50. Se trata de ser responsables a partes iguales de las finanzas, las tareas domésticas y la crianza de los hijos, como debe ser.

Sin embargo, cuando la atención se centra en este tipo de equilibrio, a menudo se ignora el equilibrio emocional.

Para lograr el equilibrio en una relación, es necesario reconocer que tú no eres tu relación. Las relaciones de éxito funcionan según la teoría del yo, tú y nosotros, en la que la relación es algo que se crea entre ambos.

Aunque tu pareja y tú necesitan equilibrio, también tienen que prestar a su relación la misma atención y esfuerzo al "nosotros" que forman. Esto implica dar el 50 por ciento de ti mismo.

El paso para crear este equilibrio es aprender a asegurarte de que se satisfacen tus necesidades al tiempo que mantienes el respeto por ti mismo y por tu pareja.

Para ello, puedes recordar los dos acrónimos en inglés de la terapia dialéctica conductual (TDC): GIVE ("dar" en español) y FAST ("rápido" en español).

GIVE:

- **G:** Gentil. Sé amable y respetuoso cuando hables con tu pareja. No tienen por qué estar de acuerdo en todo, pero no hay necesidad de ataques personales, miradas o gestos despectivos.

- **I:** Interés. Muestra un interés genuino por lo que están hablando. No empieces a formular tu respuesta antes de que hayan terminado. Concéntrate en mostrarles que estás prestando atención a través de tu lenguaje corporal.

- **V:** Validar. Haz saber a tu pareja que sus pensamientos y sentimientos son válidos. Este es el verdadero equilibrio emocional, porque necesitas ver las cosas desde su perspectiva, respetar por lo que está pasando y, aun así, hacer valer tus necesidades. Puedes utilizar frases como "Entiendo de dónde vienes, y debe dolerte, pero siento que...".

- **E:** Evita juzgar. Separa a tu pareja de sus acciones. Quizá tú habrías hecho las cosas de otra manera, pero un poco de empatía ayuda mucho. Todos los seres humanos cometemos errores. Quizá tu pareja ya se esté castigando lo suficiente sin que añadas cosas como "Deberías haber...".

FAST:

- **F:** Fair ("Justo" en español). Siempre sé justo contigo mismo y con tu pareja. El acrónimo GIVE puede utilizarse aquí respetando los pensamientos, deseos y sentimientos de ambas partes.

- A: Aprende a disculparte. Discúlpate por tus errores y por las cosas de las que eres responsable. Haz que tu disculpa sea sincera, pero no te disculpes de más ya que puedes acabar reproduciendo tu culpa y tu sentimiento de culpabilidad. No deberías sentir la necesidad de disculparte por tus opiniones o por expresar tus necesidades.

- S: Seguro de tus valores. Tu moral y tus valores son una parte importante de tu identidad, y aunque hay cosas en las que puedes negociar o ser flexible, sacrificarlas para reducir el riesgo de conflicto significa no mantenerte fiel a ti mismo.

- T: Truthful ("Honesto" en español). Del mismo modo que no quieres ocultar tus verdaderos pensamientos y sentimientos, tampoco quieres exagerar o mentir sobre ellos. No te sentirás bien contigo mismo, y es probable que te encuentres en conflicto por ello. (Mairanz, 2019)

Para la etapa final de encontrar ese punto justo entre la codependencia y la interdependencia, es hora de encontrar el equilibrio entre el "yo" y el "nosotros". No olvides animar a tu pareja a hacer lo mismo.

Consejos para el "yo":

- Sigue tus pasiones e intereses. No te sientas culpable por tomarte tiempo para hacer las cosas que te gustan y por hacerlas solo. Piensa en lo que solías hacer antes de la relación o explora nuevas aficiones.

- Dedica tiempo al autodescubrimiento, ya sea a través de tus aficiones, escribiendo un diario o practicando la atención plena y la meditación. No puedes comunicar lo que necesitas si no sabes quién eres.

- Pasa tiempo con tus amigos. Tus amistades forman parte de lo que eres. Los amigos te dan la oportunidad de hablar con alguien ajeno a la relación y de ver las cosas desde perspectivas distintas.

- Conoce cuáles son tus objetivos personales. Tus objetivos individuales te proporcionarán motivación, alegría y una sensación de logro. Te darán motivos de celebración mientras creces como persona.

- Practica el autocuidado para ti. Es posible que tu pareja y tú tengan ideas distintas de lo que es el autocuidado. Es necesario llenar tu copa con cosas que satisfagan tus necesidades.

- Confía en ti mismo. Puede que las cosas no hayan ido como esperabas en el pasado, y aunque es natural dudar de ti mismo, recuerda lo lejos que has llegado desde el principio del libro. Vas en la dirección correcta, así que debes saber que tú eres quien mejor te conoce.

Consejos para el "nosotros":

- No den por sentado que la comunicación ocurre porque sí. Hay que programarla y comprometerse a mantener una comunicación continua, no sólo cuando surjan problemas. No olviden la comunicación no verbal, que a menudo puede decir más sobre cómo se siente una persona que las palabras por sí solas.

- Encuentren puntos en común e intereses que puedan compartir. ¿Recuerdan al principio de la relación cuando iban a ver una película o probaban un restaurante nuevo? Es hora de volver a encontrar esa alegría y curiosidad. Esto es especialmente importante si tienen hijos. Necesitan tiempo a solas para disfrutar el uno del otro.

- Confíen mutuamente. Confíen en que su pareja no trama nada malo, y reconozcan que su pareja confía en ustedes. La confianza no sólo conduce a la vulnerabilidad, sino que también da espacio para pasar tiempo separados el uno del otro y disfrutar de ese tiempo.

- Respeten la intimidad del otro. Esto significará a veces concederle el beneficio de la duda. Prueben una nueva perspectiva, ¡a lo mejor la otra persona no quiere compartir contigo la contraseña de su teléfono porque tienen datos confidenciales del trabajo!

- Acepten las diferencias del otro. Aunque los puntos en común son cruciales, la vida sería aburrida si no hubiera diferencias entre ustedes. Apoyar a partidos políticos distintos o tener una forma alternativa de hacer las cosas no significa que tengan que discutir; esto habla de su individualidad. Cuando pueden acordar no estar de acuerdo, fortalecen el "nosotros".

- Acepten las imperfecciones, tanto las propias como las de la pareja. Hay demasiada presión para que la gente sea perfecta, y hay demasiada presión para una relación perfecta. Eliminen la presión del "nosotros" y céntrense en disfrutar del tiempo de calidad que pasan juntos. Esto también significa que tienen que dejar de comparar su relación con otras.

Por último, recuerda que no vas a despertarte una mañana con una relación perfectamente equilibrada. Puede haber momentos en los que sientan que el equilibrio está roto, y no pasa nada.

Se necesita tiempo y paciencia. Sobre todo, requiere autorreflexión y una comunicación clara para hacer los ajustes necesarios.

Recuperarse del apego ansioso: Salvaguardar las relaciones futuras

En algunos casos, no importa qué pasos demos si una relación simplemente no está destinada a ser. A pesar de trabajar en ti mismo y en tu apego ansioso, es muy poco probable que tu pareja sea perfecta, y si no está dispuesta a poner el mismo esfuerzo que tú en la relación, nunca encontrarán ese equilibrio.

En primer lugar, date tiempo antes de lanzarte a una nueva relación, y utiliza ese tiempo para practicar las estrategias que has descubierto aquí. Conócete a ti mismo de verdad, refuerza tu confianza y autoestima, y crea una identidad sólida. Ámate y valídate a ti mismo antes de amar a otra persona. Este tiempo a solas también te ayudará a perdonarte los errores cometidos en el pasado en una relación.

Cuando empieces una nueva relación, ten cuidado de no mostrarte demasiado disponible demasiado pronto. Para ti, más que para otros, es especialmente importante no caer en el periodo de "luna de miel", en el que abandonas amistades e intereses para pasar el mayor tiempo posible con tu nueva pareja. Una vez pasado el periodo de luna de miel, tendrás tiempo libre adicional. Esto podría provocar sentimientos de insignificancia, y así comienza el ciclo de la codependencia.

Tener claros tus límites desde el principio puede ayudarte mucho en este asunto, lo cual es otra razón para tomarte un tiempo para ti antes de empezar una nueva relación. Cuando una relación termina, no hay duda de que sufrirás un cambio, así que es hora de reevaluar tus valores y tus límites.

A medida que pasa el tiempo, es natural que tengan desacuerdos, lo que se conoce como conflicto sano. Cuando sientas que se acercan esos momentos, toma las medidas necesarias para calmarte y elegir el momento adecuado para hablar con tu pareja, un momento que sea adecuado para ambos. Conoce tus desencadenantes emocionales y practica el autocuidado en lugar de reaccionar emocionalmente y, posiblemente, provocar una discusión.

Mi último consejo para protegerte en futuras relaciones es que te fijes en la Programación Neurolingüística (PNL), el estudio de cómo nuestro cerebro procesa las palabras, las utiliza y cómo repercuten en el comportamiento y las relaciones. La PNL puede mejorar tu comunicación, ayudarte a ser tú mismo, comprender tus desencadenantes y reforzar tus conexiones.

Aunque encontrar este equilibrio no se consigue de la noche a la mañana, puede que haya un acontecimiento en tu relación que actúe como un "momento de iluminación", que te haga darte cuenta de lo mucho que has conseguido. Esta conexión no se parecerá a nada que hayas experimentado antes. Será la pieza final del rompecabezas que les recuerde que deben seguir trabajando en ustedes mismos y en su relación. Comprométanse el uno con el otro y consigo mismos. Entonces cosecharan todas las recompensas de una relación amorosa completa, con un apego seguro.

CONCLUSIÓN

Al llegar a esta fase, es primordial recordar que el marco **"Sentirse bien"** es exactamente eso. Es un marco para un proceso, no sólo para un cambio. El cambio llegará, pero va a llevar tiempo a medida que vayas avanzando en cada paso. Evita forzarlo o precipitarte hasta que estés seguro de los conocimientos y habilidades que adquieras en el camino.

Empezamos desentrañando el ciclo de pensamientos ansiosos y preocupación que conlleva el apego ansioso y profundizamos en lo que es el apego ansioso comparado con otros estilos de apego.

En lugar de centrarnos sólo en todo lo negativo y los problemas que puede causarte, también analizamos las ventajas de tu estilo de apego. Superar tu ansiedad ansiosa no significa que vayas a perder tu increíble lealtad, compromiso y sensibilidad hacia las necesidades de los demás.

Aunque muchos de tus problemas tienen su origen en las relaciones, "arreglar" tu relación no es el punto de partida. En lo primero que debes trabajar es en tu autoconciencia, ya que es lo que te permitirá reconocer tus emociones y comportamientos. La autoconciencia te lleva a comprender los desencadenantes de tu apego ansioso, a sentar las bases para cambiar tus patrones de pensamiento y a domar al crítico interior al que sólo le gusta echar leña al fuego.

Personalmente, no puedo insistir en lo importante que es que seas capaz de controlar y reformular los pensamientos negativos. Pensar en exceso, ya sea sobre el pasado o el futuro, desgasta la autoestima que puedas tener. Y, como hemos descubierto, debido al sesgo de negatividad y a otras distorsiones cognitivas, estos pensamientos no sólo son inútiles y destructivos, sino que raramente reflejan la verdad.

Ten fe en la neurología y en las últimas investigaciones sobre neuroplasticidad. Es fascinante cómo prácticas sencillas como el reencuadre cognitivo y las afirmaciones positivas son tan eficaces. Recuerda que no es sólo el agotamiento mental lo que provoca el exceso de pensamientos, también tienes que proteger tu salud física. Junto a estas estrategias, comprométete a hacer que tu vida diaria sea más tranquila practicando la atención plena. Ve más despacio, pon a prueba tus sentidos y mantente conectado a tierra y en el presente.

La capacidad de calmar la mente y gestionar tus emociones hará que trabajar en tu relación sea mucho más fácil. No hace falta que te diga cómo un pequeño comentario puede convertirse en una discusión acalorada, no por un problema concreto o importante, sino porque las emociones se interponen en el camino de una comunicación eficaz. Dejas de escuchar, haces suposiciones y te pones a la defensiva, lo que sólo hace que te sientas más agotado emocionalmente y distanciado de tu pareja. Son como grietas en la pared que dejan crecer las malas hierbas del apego ansioso.

Hemos visto lo asombrosas que son tanto la honestidad emocional como la vulnerabilidad. Es la conexión que soñabas tener y que va más allá de la intimidad física. Una comunicación sana permite esta comunicación más profunda, y un ciclo positivo empieza a sustituir a los comportamientos negativos del pasado: cuanto mejor es la comunicación, más vulnerable te encuentras, lo que no hace sino reforzar tus vínculos.

Dicho esto, volvemos al hecho de que superar el apego ansioso tiene que ser algo en lo que sigas trabajando. La conexión que creas a través de la intimidad emocional se desvanecerá si no dedicas tiempo a hacer registros periódicos, no sólo con tu pareja, sino con todas tus relaciones. Una cosa es hablar de su día, y otra es programar tiempo para conversaciones significativas.

A medida que sus conversaciones se desarrollen y conozcas mejor los verdaderos sentimientos de tu pareja, empezarás a tener una idea más clara de lo mucho que te quiere y se preocupa por ti, lo que aliviará tus inseguridades y aumentará tu autoestima. Sin embargo, no puedes confiar en tu pareja para que te valide, ya que no quieres depender de ella hasta un punto malsano.

Ahora te toca a ti seguir construyendo tu confianza y autoestima conociendo tus valores, deseos y necesidades y convirtiéndolos en una prioridad. De esto eres responsable tú, igual que de estas mismas cosas es responsable tu pareja en su propia vida. Cuando ambos trabajen en sus responsabilidades individuales y contribuyan por igual a su relación, descubrirán el tan buscado equilibrio entre codependencia e interdependencia.

¿Recuerdas a Shay, a quien conocimos en la introducción? Su apego ansioso le hacía enviar cantidades obsesivas de mensajes y entrar en pánico cuando su pareja no respondía enseguida. Era su peor enemiga, porque sabía que frustraba a su pareja, lo que sólo empeoraba su miedo al abandono.

Antes, su pareja cancelaba sus planes para tranquilizarla. Lo hacía porque la quería y no quería verla sufrir, pero al mismo tiempo empezó a resentirse. Después de que Shay pusiera en práctica los mismos pasos de este libro, pudo ver las cosas desde la perspectiva de él y comprender su resentimiento, no hacia ella, sino hacia el hecho de tener que cancelar planes que necesitaba para su propio bienestar.

Hoy, cuando su pareja hace planes, ella le habla de cómo se siente y también de los pasos que está dando hacia su objetivo de interdependencia. En lugar de frustrarse, él la apoya y la ayuda a conseguir esos objetivos. Ahora, cuando él hace planes, Shay se toma ese tiempo libre para pasarlo con sus amigos, disfrutar de sus aficiones y practicar el autocuidado para rellenar su copa. Cuando él regresa, se sientan juntos con un montón de cosas nuevas que compartir. Esto es lo que te espera a ti también.

Para lograr todo esto y más, debes ir más allá de la comprensión de la teoría y los conceptos. Se trata de aplicar todo lo que has aprendido y ponerlo en práctica a diario. Al principio te costará más esfuerzo porque se están creando nuevas conexiones en tu cerebro. Con la práctica constante, todo esto se convertirá en algo natural, y podrás prosperar en tus relaciones y en tu crecimiento personal.

BIBLIOGRAFÍA

Anxiety & Depression Association of America. (n.d.-a). *Facts & Statistics | Anxiety and Depression Association of America, ADAA*. ADAA. Retrieved October 12, 2021, from https://adaa.org/understanding-anxiety/facts-statistics

Anxiety & Depression Association of America. (n.d.-b). *Social Anxiety Disorder | Anxiety and Depression Association of America, ADAA*. ADAA. Retrieved October 12, 2021, from https://adaa.org/understanding-anxiety/social-anxiety-disorder

BBC. (2021, March 5). *Neuroplasticity: How to rewire your brain*. BBC Reel. https://www.bbc.com/reel/video/p098v92g/neuroplasticity-how-to-rewire-your-brain

Bothered by Negative, Unwanted Thoughts? Just Throw Them Away. (2012, November 26). Association for Psychological Science - APS. https://www.psychologicalscience.org/news/releases/bothered-by-negative-unwanted-thoughts-just-throw-them-away.html

Bradt, S. (2010, November 11). *Wandering mind not a happy mind*. Harvard Gazette. https://news.harvard.edu/gazette/story/2010/11/wandering-mind-not-a-happy-mind/

Bright, R. M. (2012, October 29). *Impact of positive self-talk*. OPUS. https://opus.uleth.ca/handle/10133/3202

Brooker, H. (2019, July 1). *The relationship between the frequency of numberâpuzzle use and baseline cognitive function in a large online sample of adults aged 50 and over*. Wiley Online Library. https://onlinelibrary.wiley.com/doi/abs/10.1002/gps.5085

Cacioppo, J. T. (2014, June 27). *The negativity bias: Conceptualization, quantification, and individual differences | Behavioral and Brain Sciences*. Cambridge Core. https://www.cambridge.org/core/journals/behavioral-and-brain-sciences/article/abs/negativity-bias-conceptualization-quantification-and-individual-differences/3EB6EF536DB5B7CF34508F8979F3210E

Camacho, L. (2019, February 26). *Four Ways Negativity Bias Slows You Down (And How To Stop It)*. Forbes. https://www.forbes.com/sites/forbescoachescouncil/2019/02/26/four-ways-negativity-bias-slows-you-down-and-how-to-stop-it/?sh=27fb3cf2c5f9

Cascio, C. N. (2015, November 5). *Self-affirmation activates brain systems associated with self-related processing and reward and is reinforced by future orientation*. NCBI NLM NIH. https://www.ncbi.nlm.nih.gov/pmc/articles/PMC4814782/

Castillo, B. B., & Nolan, C. (2019, April 3). *Deepak Chopra: How to rewire your brain for success*. CNBC. https://www.cnbc.com/video/2019/04/03/deepak-chopra-how-to-rewire-your-brain-for-success.html

Chapman Ph.D., B. P. (2013, July 14). *Emotion Suppression and Mortality Risk Over a 12-Year Follow-up*. NCBI NLM NIH. https://www.ncbi.nlm.nih.gov/pmc/articles/PMC3939772/

Cirino, E. (2019, April 18). *10 Tips to Help You Stop Ruminating*. Healthline. https://www.healthline.com/health/how-to-stop-ruminating#tips

Cohen, L. G. (1998, July). *Studies of neuroplasticity with transcranial magnetic stimulation*. PubMed. https://pubmed.ncbi.nlm.nih.gov/9736465/

Farnam Street. (2021, June 2). *Mental Models: The Best Way to Make Intelligent Decisions (~100 Models Explained)*. https://fs.blog/mental-models/

FBI. (2021, June 14). *Uniform Crime Reporting (UCR) Program*. Federal Bureau of Investigation. https://www.fbi.gov/services/cjis/ucr

Frothingham, S. (2019, October 24). *How Long Does It Take for a New Behavior to Become Automatic?* Healthline. https://www.healthline.com/health/how-long-does-it-take-to-form-a-habit

Goldstein, M. (2021, March 2). *How to Control Your Thoughts and Be the Master of Your Mind*. Lifehack. https://www.lifehack.org/articles/lifestyle/how-to-master-your-mind-part-one-whos-running-your-thoughts.html

Harvard University. (n.d.). *Identifying Negative Automatic Thought Patterns*. Stress & Development Lab. Retrieved October 12, 2021, from https://sdlab.fas.harvard.edu/cognitive-reappraisal/identifying-negative-automatic-thought-patterns

Heckman, W. (2019, September 25). *42 Worrying Workplace Stress Statistics*. The American Institute of Stress. https://www.stress.org/42-worrying-workplace-stress-statistics

Jeffrey, S. (2020, June 23). *Change Your Fixed Mindset into a Growth Mindset [Complete Guide]*. Scott Jeffrey. https://scottjeffrey.com/change-your-fixed-mindset/#A_4-Step_Process_to_Change_Your_Mindset

Kim, E. S. (2017, January 4). *Optimism and Cause -Specific Mortality: A Prospective Cohort Study*. Oxford Academic. https://academic.oup.com/aje/article/185/1/21/2631298

Koeck, M.D., P. (n.d.). *How does our brain process negative thoughts?* 15Minutes4Me. Retrieved October 12, 2021, from https://www.15-minutes4me.com/depression/how-does-our-brain-process-negative-thoughts

Kurland Ph.D., B. (2018, September 13). *Reversing the Downward Spiral*. Psychology Today. https://www.psychologytoday.com/us/blog/the-well-being-toolkit/201809/reversing-the-downward-spiral

LaFreniere, A. S., & Newman, M. G. (2020, May 1). *Exposing Worryâs Deceit: Percentage of Untrue Worries in Generalized Anxiety Disorder Treatment*. ScienceDirect. https://www.sciencedirect.com/science/article/abs/pii/S0005789419300826

M. (2021, April 5). *8 Ways to Stop Taking Things Personally*. Dare to Live Fully. https://daringtolivefully.com/stop-taking-things-personally

Mackenzie, C.H.T., Ph.D., L. (n.d.). *Take A Hidden Negativity Test by Linda Mackenzie*. Linda Mackenzie's Mind Center. Retrieved October 12, 2021, from http://www.lindamackenzie.net/hiddennegativitytest.htm

Maloney, B. (2020, January 22). *The Damaging Effects of Negativity by Bree Maloney*. Marque Medical. https://marquemedical.com/damaging-effects-of-negativity/

Manchester City Council. (2019, August 29). *'Ey up petal – how docs are prescribing plants to keep Mancs (k)ale and hearty*. Healthier Manchester. https://healthiermanchester.org/ey-up-petal-how-docs-are-prescribing-plants-to-keep-mancs-kale-and-hearty/

National Institute of Mental Health. (n.d.). *NIMH » Social Anxiety Disorder: More Than Just Shyness*. NIMH. Retrieved October 12, 2021, from https://www.nimh.nih.gov/health/publications/social-anxiety-disorder-more-than-just-shyness

NeuroImage. (2015, January 15). *The artist emerges: Visual art learning alters neural structure and function*. ScienceDirect. https://www.sciencedirect.com/science/article/abs/pii/S1053811914009318

New Neuroscience Reveals 4 Easy Rituals That Will Make You Stress-Free. (2017, June 11). Barking Up The Wrong Tree. https://www.bakadesuyo.com/2017/02/stress-free/

NHS website. (2021, August 4). *5 steps to mental wellbeing*. Nhs.Uk. https://www.nhs.uk/mental-health/self-help/guides-tools-and-activities/five-steps-to-mental-wellbeing/

Nittle, N. (2021, July 2). *Can Social Media Cause Depression?* Verywell Mind. https://www.verywellmind.com/social-media-and-depression-5085354

Raypole, C. (2020, March 17). *Meet Anticipatory Anxiety, The Reason You Worry About Things That Haven't Happened Yet*. Healthline. https://www.healthline.com/health/anticipatory-anxiety#coping-tips

Riggio Ph.D., R. E. (2012, June 25). *There's Magic in Your Smile*. Psychology Today. https://www.psychologytoday.com/us/blog/cutting-edge-leadership/201206/there-s-magic-in-your-smile

Robson, D. (2020, August 18). *The 'Batman Effect': How having an alter ego empowers you*. BBC Worklife. https://www.bbc.com/worklife/article/20200817-the-batman-effect-how-having-an-alter-ego-empowers-you

Ryan, T. (2021, May 20). *The Best Essential Oils for Sleep*. Sleep Foundation. https://www.sleepfoundation.org/best-essential-oils-for-sleep

Sabxe, D. E., & Repetti, R. (2009, November 23). *SAGE Journals: Your gateway to world-class research journals*. SAGE Journals. https://journals.sagepub.com/action/cookieAbsent

Sánchez-Vidaña, D. I. (2017). *The Effectiveness of Aromatherapy for Depressive Symptoms: A Systematic Review*. PubMed Central (PMC). https://www.ncbi.nlm.nih.gov/pmc/articles/PMC5241490/

Sanju, H. K. (2015, December). *Neuroplasticity In Musicians Brain:Review*. Research Gate. https://www.researchgate.net/publication/286451613_Neuroplasticity_In_Musicians_BrainReview

Santos-Longhurst, A. (2018, August 31). *High Cortisol Symptoms: What Do They Mean?* Healthline. https://www.healthline.com/health/high-cortisol-symptoms#meaning

Scale of the Human Brain. (2020, December 11). AI Impacts. https://aiimpacts.org/scale-of-the-human-brain/

Scheier, M. F., & Carver, C. S. (2019, December 1). *Dispositional Optimism and Physical Health: A Long Look Back, A Quick Look Forward.* NCBI NLM NIH. https://www.ncbi.nlm.nih.gov/pmc/articles/PMC6309621/

Scully, S. M. (2020, July 22). *'Toxic Positivity' Is Real — and It's a Big Problem During the Pandemic.* Healthline. https://www.healthline.com/health/mental-health/toxic-positivity-during-the-pandemic#So,-how-do-you-deal-with-toxic-positivity

Sethi, S. (2020, October 7). *How to Tone Your Vagus Nerve and Why You Should.* Dr. Shelly Sethi. https://www.drshellysethi.com/2020/02/how-to-tone-your-vagus-nerve-and-why-you-should/

Skoyles, C. (2021, January 12). *5 Breathing Exercises for Anxiety (Simple and Calm Anxiety Quickly).* Lifehack. https://www.lifehack.org/761526/breathing-exercises-for-anxiety-simple-and-calm-anxiety-quickly

Staff, N. (2020, October 12). *Tips to Help Stop Intrusive Thoughts.* Northpoint Recovery's Blog. https://www.northpointrecovery.com/blog/7-tips-deal-stop-intrusive-thoughts/

Stillman, J. (2021, January 5). *Bill Gates Always Reads Before Bed. Science Suggests You Should Too.* Inc.Com. https://www.inc.com/jessica-stillman/bill-gates-always-reads-for-an-hour-before-bed-science-suggests-you-should-do-same.html

the Healthline Editorial Team. (2020, April 7). *The Benefits of Vitamin D.* Healthline. https://www.healthline.com/health/food-nutrition/benefits-vitamin-d#fights-disease

Wegner, D. M. (1987, July). *Paradoxical effects of thought suppression.* PubMed. https://pubmed.ncbi.nlm.nih.gov/3612492/

What to Know About 4-7-8 Breathing. (2021, June 14). WebMD. https://www.webmd.com/balance/what-to-know-4-7-8-breathing

Why we should drink water at work. (n.d.). Water Plus Limited. Retrieved October 12, 2021, from https://www.water-plus.co.uk/fresh-thinking-hub/why-we-should-drink-water-at-work

Wolff, C. (2019, March 18). *How Negativity Actually Messes With Your Brain Chemistry.* FabFitFun. https://fabfitfun.com/magazine/negativity-effects-brain-chemistry/

Wong, Y. J. (2016, May 3). *Does gratitude writing improve the mental health of psychotherapy clients? Evidence from a randomized controlled trial*. Taylor & Francis. https://www.tandfonline.com/doi/abs/10.1080/10503307.2016.1169332?scroll=top&needAccess=true&journalCode=tpsr20

www.ingramcontent.com/pod-product-compliance
Lightning Source LLC
LaVergne TN
LVHW040058080526
838202LV00045B/3699